本书受常州工程职业技术学院2020年度人文社科类科研项目配套经费资助；本书受2020年度江苏高校哲学社会科学研究专题项目（项目编号：2020SB0604）资助。

突发事件防控与大学生思想政治教育功能研究

周丽娟　著

北京工业大学出版社

图书在版编目（CIP）数据

突发事件防控与大学生思想政治教育功能研究 ／ 周丽娟著 ． — 北京 ： 北京工业大学出版社，2021.5
ISBN 978-7-5639-7976-9

Ⅰ ．①突… Ⅱ ．①周… Ⅲ ．①大学生－思想政治教育－研究－中国 Ⅳ ．① G641

中国版本图书馆 CIP 数据核字（2021）第 112302 号

突发事件防控与大学生思想政治教育功能研究
TUFA SHIJIAN FANGKONG YU DAXUESHENG SIXIANG ZHENGZHI JIAOYU GONGNENG YANJIU

著　　者：周丽娟

责任编辑：任军锋

封面设计：知更壹点

出版发行：北京工业大学出版社

　　　　　（北京市朝阳区平乐园 100 号　邮编：100124）

　　　　　010-67391722（传真）　　bgdcbs@sina.com

经销单位：全国各地新华书店

承印单位：北京亚吉飞数码科技有限公司

开　　本：710 毫米 ×1000 毫米　1/16

印　　张：11.75

字　　数：235 千字

版　　次：2022 年 7 月第 1 版

印　　次：2022 年 7 月第 1 次印刷

标准书号：ISBN 978-7-5639-7976-9

定　　价：75.00 元

作者简介

　　周丽娟，女，1982年12月出生，常州工程职业技术学院讲师，国家高级职业指导师，苏州大学硕士，主要研究方向：危机管理与思想政治教育。近年来主要讲授《大学生就业指导》《思想道德修养与法律基础》《大学生核心就业能力提升》《职业素养》等课程，以第一作者在《江苏省社会主义学院学报》《当代教育实践与教学研究》《西部素质教育》等期刊上发表多篇论文，主持厅级项目1项，参与省部级课题多项，参与完成横向课题多项，参编教材多部。被聘为北京修正公益基金会职业素养培训讲师、江苏省大学生核心就业能力培训讲师。

前　　言

突发事件是当前社会发展过程中出现的比较突出的问题，具有突发性、破坏性、不可预见性、不确定性、扩散性等特点，它的存在与发生给社会的安全稳定、人民的生命财产安全带来了极大的威胁。伴随着经济社会的快速发展，高校内外部的环境也发生了巨大变化。高校是人群高度集中的地方，是进行高等教育的场所，也是国家高层次人才的培养基地。高校发生突发事件，必然给学生、学校乃至整个社会带来重大影响。为了能够为高校师生创造一个和谐稳定的工作、学习环境，保证师生身心健康和生命财产安全，应对高校突发事件迫切需要思想政治教育的介入。

思想政治教育作为一切工作的生命线，肩负着应对高校突发事件的重大任务。从思想政治教育角度对高校突发事件提出处理方法，对于有效预防突发事件的发生，妥善处置突发事件，减少突发事件带来的不良影响，促进高校和谐发展，具有十分重要的意义。

本书共五章。第一章为绪论，包括突发事件与高校突发事件、高校突发事件的类型及成因、大学生思想政治教育的背景与使命等内容。第二章为高校突发事件网络舆情与思想政治教育，包括高校突发事件网络舆情概述、高校突发事件网络舆情给大学生思想政治教育带来的挑战、网络舆情视域下大学生思想政治教育的创新策略等内容。第三章为思想政治教育应对高校突发事件的现状，包括思想政治教育在应对高校突发事件中的问题及原因、思想政治教育在应对高校突发事件中的优势等内容。第四章为思想政治教育在应对高校突发事件中发挥的作用，包括高校突发事件事前思想政治教育的预警作用、高校突发事件事中思想政治教育的疏导作用、高校突发事件事后思想政治教育的整合作用等内容。第五章为思想政治教育应对高校突发事件的策略，包括思想政治教育在高校突发事件应对中的原则、思想政治教育应对高校突发事件的相关策略等内容。

为了保证内容的丰富性与研究的多样性，笔者在撰写本书的过程中参考了大量的相关文献，在此谨向相关文献的作者表示衷心的感谢。

最后，由于笔者水平有限，加之时间仓促，书中难免存在不足之处，在此恳请广大读者批评指正。

目　　录

第一章 绪 论

第一节 突发事件与高校突发事件

一、突发事件

（一）突发事件的含义

在新闻学概念里，新闻一般分为三大类：第一类是常规新闻，一般指新闻性事件和人物；第二类是重大事件，包括时政类、策划类的重大事件；第三类指的是突发事件，而突发事件又包括重大突发事件和一般性突发事件。本书所称的突发事件指的是具有极大影响力、破坏力的重大突发事件。从公共传播的角度说，突发事件也叫公共安全事件。它的特点是突然爆发，难以预料，有必然原因，造成严重后果，并需紧急处理。

2006年1月8日，国务院发布的《国家突发公共事件总体应急预案》指出，突发公共事件指的是突然发生，造成或者可能造成重大人员伤亡、财产损失、生态环境破坏和严重社会危害，危及公共安全的紧急事件。2007年8月30日，第十届全国人民代表大会常务委员会第二十九次会议通过《中华人民共和国突发事件应对法》，其对突发事件进行了法律界定："本法所称突发事件，是指突然发生，造成或者可能造成严重社会危害，需要采取应急处置措施予以应对的自然灾害、事故灾害、公共卫生事件和社会安全事件。"笔者认为有些群体性冲突、个人行为如果直接作用于网络，也可能形成网络型突发事件。

突发事件还可根据性质的不同划分为灾害性突发事件（无人为因素）和社会性突发事件（有人为因素）两大类。前者指的是来自自然界的、人类不可抗拒的力量，即由非人为因素导致的重大事故或自然灾害；后者则多与各种社会矛盾有关，属于人为因素导致的重大事件。有些表面上看是灾害性突发事件，但实质是社会性突发事件。

（二）危机事件界定

我国习惯称的"突发事件"，在国际范围内一般都称"危机事件"。美国危机研究专家斯蒂文·芬克认为："危机指的是事件即将发生决定性变化的一段不稳定的时间或一种不稳定的状态。事物在不同阶段具有不同的特征，因此人们要在了解这些阶段特征的基础上，选择相应的传播手段，这样才能实现最终效果的最优化。"荷兰危机研究专家乌里尔·罗森塔尔将危机事件定义为"对一个社会系统的基本价值和行为准则架构产生严重威胁，并在时间压力和不确定性极高的情况下，必须对其做出关键决策的事件"。突发事件与危机事件有以下共同点：一是两者都是负面事件，即都会给政府、受众、社会或者个人带来损失、损害或者负面影响；二是两者都需要应急处理，否则危害会扩散，损失将更大；三是两者都具有不确定性与非常规性。从爆发到结束一般会有四个阶段：潜伏期、爆发期、蔓延期、消退期。

需要说明的是，突发事件和公共危机有相似的地方，又有不同之处。一是突发事件侧重于事件，关注突发事件所具有的突发性、破坏性、异常性，而危机则是一种威胁情势或状态。二是突发事件是显性的、现实的、可见的，而危机还有可能是隐性的、潜在的。一次真正的危机，一定会有你以前没有想象到的、没有准备的新情况出现。预先制定的策略对这种危机不仅可能会没有作用，甚至还会有反作用。德国社会学家乌尔里希·贝克提出，现代社会是一个风险社会，即世界变得日趋复杂，而人类的认识能力和行为能力的局限性越发显现，这一矛盾是危机产生的一般原因。突发事件来临，不管是哪方面的媒体，包括新闻发言人，都不能用对待一般突发事件的惯性套路去处理，而要有迅速判断事件性质和规模的能力，要随机应变，尽快分析，快速做出正确的决策，即使在对情况并不完全了解的情况下也要力争做出阶段性的、尽量准确的新闻判断，突发事件潜伏期的监测预警、危机爆发后的主动引导、稳定公众情绪，以及事件处理的反思、总结等都是新闻判断重要的变量方面。

突发事件演变下的公共危机，分两种情况。一种是刚开始就很严重，严重性居高不下；另一种是开头比较隐蔽，而后不断升级，逐步变化，初期和一般突发事件差不多，在某一阶段过后大家才会发现它不是一般的突发事件，而是已经衍生出了更多预料不到的事情的事件。

在危机发生过程中，有一段时间是非常重要的。在这段时间内一定要尽快确认事情的本质，越早摸清事情的本质，就能够越准确地进行新闻判断。本书所讲的突发事件，大多是这种常常演化为公共危机的突发事件。近年来，我国公共危机事件频繁发生，公共危机管理的难度也在逐渐加大，而其中一个很重要的原因就是当前危机传播环境的变化。这里主要指的是危机信息的传播。随着移动互联网传播技术的发展而衍生出来的移动传播终端技术，使得危机传播的速度加快、范围扩大、信息复杂程度加深，不仅使政府部门面临全新的公共危机管理模式和政治传播态势，也使传统媒体面临公共危机专业化传播的新型挑战与考验，更让人们思考对新媒体社会化传播的规范、约束，以及引导新媒体社会化的方法与措施。

二、高校突发事件

（一）高校突发事件的概念

高校是进行高等教育的场所，属于人群高度密集的地方，所以集体生活是高校的重要特点。高校大学生是一个特殊的群体，他们的世界观、人生观、价值观正处于形成和确立的过程中，理性思维能力、心理素质特别是抗突发事件的心理承受能力较弱。他们一直处于学校环境中，缺乏社会经验、责任意识和危机意识。他们无论是在年龄上，还是在心理、能力、行为方式等方面，都具有高度的同质性，一旦发生突发事件，在心理和行为方面他们往往表现出一致性。他们对社会有着重要的影响，是社会情绪的"晴雨表"。同时，由于大学生获取信息的渠道较多，掌握的各种信息也非常多，因此，他们思想活跃，爱国意识和民主意识强，易冲动，这些特点使得高校出现的突发事件的类型和表现形式多样。

根据高校突发事件的特点，我们可以这样界定高校突发事件："高校突发事件是由自然的、人为的或社会政治的因素引发的，在高校内部突然发生的，大学生起主导作用的，不以高校管理者的意志为转移的，对学校的教学、工作、生活秩序造成一定影响的事件。"如果对该概念进行进一步概括，抽象出其本质特征，不论其原因如何，都可以得出高校突发事件的更简洁的概念："高校突发事件指的是在高校内突然发生的，对学校教学、工作、学习及生活秩序造成一定影响的事件。"由此概念可知，高校突发事件的本质特征就在于事件的突发性，往往令校方始料不及或难以事前防范，再者就是会给高校现有的学习、工作、生活秩序造成干扰，具有一定的危害性。只有突发性和危害性二者同时具备，才可称该事件为高校突发事件，否则就可能属于正常活动，或者只是突发事件的苗头。

（二）高校突发事件的特征

与一般公共突发事件相比，高校突发事件既具有公共突发事件的特点，又具有自身的特点。对于高校突发事件的特点，我们应从以下几方面把握。

第一，事件突发性。高校突发事件往往突然爆发，会在人们的意料之外，而且演变迅速，管理者对于事件的处理无章可循，需要时间进行分析和应对。所以，高校突发事件一旦发生，学校和学生容易陷入慌乱之中。

第二，严重危害性。高校突发事件打乱了学校教学、科研以及其他方面的正常秩序，给学校整体工作和学生学习带来损失，造成人们思想和心理上的极度恐慌。而且突发事件一旦发生，很容易牵涉同一城市中的其他高校，甚至全国的其他高校，极易被社会上别有用心者和闲杂人员利用，客观上扩大了危害的范围、加深了危害的程度。

第三，社会敏感性。高校作为科学研究重地和高层次人才培养基地，高校师生作为高知识、高素质群体，始终备受政府、公众和媒体的重视与关注，这使得高校突发事件更容易引起社会强烈反响，更容易与某些外在因素发生互动成为公众热点。

第四，主体活跃性。作为高校主体的大学生具有活跃性、敢为性、群体性等特征，在突发事件中，如果能得到正确的引导他们往往能够有效地抑制危机。反之，他们极易导致危机的恶化。

第五，范围广泛性。高校内外公众层次多，工作复杂，人力、财力、物力管理混乱，加之高校改革不断推进，后勤社会化逐步深入，使得高校突发事件逐渐增多。经过调研，我们发现高校突发事件多集中在学校管理、学生管理、教学管理、后勤管理、科研管理、校园治安管理、对外拓展及与外部公众的沟通等领域。这些领域几乎涵盖了高校管理工作的所有方面。

第二节　高校突发事件的类型及成因

当今世界，各国人民在享受经济增长、科技进步等文明成果的同时，来自自然和社会的挑战和风险也在增加。例如，流行性疾病、传染性病毒以及食品安全等导致的公共卫生类突发事件；飓风、地震、洪水、海啸等带来的自然类突发事件；核泄漏、瓦斯爆炸、工地坍塌等造成的工业意外事故；各种威胁社会稳定的恐怖袭击事件。我国是一个幅员辽阔、人口众多、自然地理环境复杂的发展中国家。随着经济社会的快速转型，利益格局不断调整，各种社会矛盾相互交织且日益凸显，各种安全问题日趋严峻，高校突发事件也呈现出多样化和复杂化等特点。

类型，指的是由各特殊的事物或现象抽出来的共通点，是具有共同特征的事物所形成的种类。我国现阶段，高校突发事件种类繁多，形态多样。对高校突发事件进行分类，既要深入分析突发事件发生的原因、机理、过程，以及突发事件的性质和危害对象，也要充分考虑高校特点，同时还要根据某些突发事件的关联性、相似性进行必要的归纳，力求分类合理，以便具体问题具体分析。

一、政治类突发事件

高校政治类突发事件，主要指的是高校学生未能采用正确的方式方法表达自己良好的政治愿望，或在激发自己的爱国热情过程中受到一些别有用心的人煽动，进而引发的突发事件。

如何对高校政治类突发事件进行有效的防范和控制？首先，我们要加强思想政治教育。其次，我们要树立高度的政治责任感，对高校政治类突发事件始终保持着应有的敏感性和高度的警惕性。最后，我们要注意借鉴国内外关于预防、应对与处置已经发生过的高校政治类突发事件的经验与教训。另外，值得注意的是，高层管理者的态度和做法对高校政治类突发事件的预防、应对与处置起着至关重要的作用。在面对可预见的突发事件时，高层管理者要及时地了解和掌握事件的真相、性质，对高校师生的爱国热情要给予及时、正确的引导；职能部门管理者则应从讲政治、讲大局的角度紧密配合做好基础工作，要及时了解高校师生的期望并报告给上级领导，高层管理者对事件的态度要及时传达给高校师生。

二、公共卫生类突发事件

高校公共卫生类突发事件是由自然因素或人为因素引起的，主要包括传染病事件、群体性不明原因疾病、食品安全事件以及其他严重影响师生健康和生命安全的事件。高校是人员高度聚集的场所，也是最容易发生公共卫生事件的地方，主要以传染病流行、食物中毒等事件为主。传染病突发事件成因复杂，由于社会生态环境的日趋恶化，水污染、空气污染、土地污染等广泛而又深刻地影响着我们的生活。传染病突发事件的特点：当一种未知的传染性疾病到来时，人们往往没有意识到而且非常容易忽视它，一旦引发突发事件，其传播速度快、传染范围广、危害程度大。因此，面对随时可能发生的高校公共卫生类突发事件，我们必须树立公共卫生防范意识，对传染性疾病及其危害性要有基本的认识，加强流行病学知识的宣传普及；当遇到病因不明的重大疫情时，高校要按照流行病学原理，及时确定并隔离传染源，切断其传播的途径，及时有效地控制传染病在校园内蔓延。

食物中毒突发事件多为人为因素造成。一方面，它是市场经济自身不可克服的缺陷所带来的危害。随着改革开放的不断深入，经济社会的不断发展，市场经济给人们优越的物质生活和精神生活提供前提和基础，未来生活也将越来越美好。但是，我们必须注意到，市场经济由于其自身不可克服的局限性，也会给社会带来许多消极的影响。另一方面，它是当前高校在后勤社会化中管理不到位和经营者受经济利益驱使所致。随着后勤社会化的推进，在高校后勤服务中，学校由原来的经营者变成了监管者，由直接责任者变成间接责任者，加上经营者在后勤服务中具有相对独立的经营权和管理权，因此，学校对后勤服务的管理往往很难到位，而经营者为了获取更多的利润，在有限的涨价空间中就会千方百计地降低人力成本和原料成本。食物中毒突发事件的特点是影响的范围广、危害程度大、防范的难度高。

当前，食品安全问题不仅是社会的普遍问题，也是高校公共卫生类突发事件的常见问题，食物中毒突发事件在高校突发事件中所占比重相当高。因此，高校要有效减少或控制食物中毒突发事件的发生，最重要的是高校要加强对后勤部门的管理，特别是要加强对被社会化的那部分后勤部门的监控，从源头上杜绝有害、有毒食品进校园。另外，高校要加强对学生的健康饮食卫生知识的普及，增强学生的食品安全意识。

三、自然灾害类突发事件

高校自然灾害类突发事件是由自然因素引起的，对高校师生造成人身伤害、使学校设施设备受到严重破损的意外事件，主要包括水灾、地震灾害、地质灾害、建筑物倒塌、火灾、重大污染等。自然灾害类突发事件多是由不可抗拒的外力导致的，也有一些是管理不到位造成的。自然灾害类突发事件具有较强的突发性、破坏性和不可抗力性。自然灾害类突发事件往往不能预见、不可克服，具有严重危害性，极易引起恐慌和混乱，轻则影响学校正常的教学秩序，重则可能导致高校师生的人身遭到损害。

自然灾害类突发事件主要依靠国家、地方政府和权威部门的科学监测、预报统一组织防范。高校应借助地方政府、消防部队、医疗部门、民政部门等的力量做好防控工作。除此之外，高校要对师生员工进行防护、自救知识的培训，做到防患于未然，以减少或避免突发事件发生。

四、治安安全类突发事件

高校治安安全类突发事件指的是扰乱公共秩序，妨害公共安全，侵犯他人人身权利、财产权利，妨害高校管理，具有社会危害性，但尚不够刑事犯罪的行为而引起的事件。这类事件主要有学生打架、偷盗或者被偷盗、宿舍火灾、实验室爆炸以及校园交通肇事等。高校治安安全类突发事件的发生与社会大环境紧密相关：一方面，随着社会开放程度的日益提高和市场化、信息化的不断深入，社会环境变得越来越复杂；另一方面，当下高校与社会进行着紧密而广泛的交流与交融，这为高校治安安全类突发事件的增多提供了可能。高校治安安全类突发事件具有偶发性、自发性的特点，涉及内容广泛，种类形式多样，危害程度大小不等，预防和处置难易程度也不尽相同。这类事件极易打乱高校师生正常的学习、生活秩序。

针对高校多发的火灾、打架斗殴、人身伤害等突发事件，高校应从以下几方面预防。首先，扎实推进平安校园建设，树立"发展是第一要务、稳定是第一责任、安全是第一工作"的学校治安安全理念。其次，要加强高校学生法律知识和安全防护知识的普及工作，增强师生员工的安全和自我保护意识。最后，要加强校园的安全保卫工作，严格校园门岗管理、学生宿舍管理，严格落实防火、防盗等各项责任制。一方面要防止校外不法力量对校园的冲击和一些不法分子混入校园，对学生在校外被伤害事件要及时正确处理；另一方面要预防与制止校内违反治安管理的行为发生，妥当处理学生中出现的校内打架斗殴事件，防止处理不及时或处理不当而使个别学生打架变为班级群体殴斗。然而，高校治安安全类突发事件有时单纯依靠高校自身的力量没有办法管控好，因此高校还要加强同地方政府和社会的联系，借助派出所警力、地方政府的力量或事件疏导对象的亲戚朋友的力量来处理此类事件。

五、管理类突发事件

高校管理类突发事件是高校内部管理问题无法得到及时有效解决，导致教师或学生产生抵制情绪，从而出现对抗性的过激行为的事件。这类事件主要有罢餐、罢课、罢浴，以及舍区闹事、破坏公物等。从产生的原因上看，高校管理类突发事件，既有高校管理者的管理水平高低、工作作风是否扎实等自身主观原因，也有学校设备设施陈旧等客观原因。在自身主观原因方面，一是高校内部管理服务没有到位，尤其是高校后勤管理服务的滞后。如师生反映的学校膳食质量、价格，教学质量、学籍处理，学生宿舍管理和服务等方面存在的问题得不到及时、有效的解决。二是学校决策失误、程序不完善，管理上有疏漏。如学校针对师生制定某项管理措施，尤其是涉及师生利益的问题，没有进行充分宣传和实施准备，没有注意听取广大师生的意见，与师生缺乏有效的沟通。三是学校干部工作作风不良。如一些学校领导干部的失职、渎职、腐败行为，少数干部在管理中意识陈旧、工作不到位，师生向学校反映意见的渠道不畅通，或反映后得不到及时反馈等。在客观原因方面，一是高校扩招导致教学资源相对匮乏，水电设施年久失修，各项管理工作跟不上去，各种设施不能满足学生学习的需要，不能做到资源共享；二是当前很多高校都建设了新校区，新校区多在郊外，交通不便，生活枯燥，这导致师生出现不满情绪。高校管理类突发事件的特点是有明显的潜伏期，换句话说，通常是可以预见的，也是比较容易防控的。

高校管理类突发事件的产生既有主观原因又有客观原因，但归根结底此类事件是工作滞后导致的，是可预见、可防控的。一是高校管理者要快速适应当前学校办学环境、办学体制的变化，切实转变高校管理服务观念；二是管理者要树立"学校办学教师为本，教育教学学生为本"的理念，尊重高校师生的主体地位，与师生进行真诚、平等的交流和沟通；三是高校要坚持"顶层设计"与"摸着石头过河"相结合的思维，既做到整体推进，又做到重点突破，加快建设步伐，不断改善办学条件，以保障高校师生的合法权益。

六、心理健康类突发事件

心理健康类突发事件指的是由心理健康问题引起的突发事件，是当前高校发生频率较高的一类突发事件。一方面，高校学生主体的年龄在18—25岁之间，他们所处的年龄段正是一个人形成和确立世界观、人生观、价值观的关键时期。无论是从生理角度，还是从心理角度，他们都是处于急剧发展变化的阶段。这个阶段学生存在鲜明的特点：情感丰富多变，情绪容易偏激，不够稳定；涉世未深，缺乏明辨是非的能力，观点容易片面；适应社会变化的能力不强等。另一方面，教育领域普遍存在重智商、轻情商的现象，对学生的心理素质和健康人格的培养重视不够，加上学生的学业压力、就业压力和竞争压力日益增大，他们容易产生认知障碍、情绪障碍、意志行为障碍等心理健康问题。高校心理健康类突发事件具有难以预测、可控性差、在高校各类突发事件中所占比例较大等特点。高校心理健康类突发事件一旦发生，不仅会强烈冲击大学生的内心，还会给他们带来人身安全威胁和财产损失，使他们在今后的工作、学习、生活和心理发展等方面受到一系列负面影响。

当前高校学生心理健康问题日益严重，有关调查显示："全国大学生中因精神疾病而退学的学生占退学学生总人数的54.5%，有28%的大学生具有不同程度的心理问题。其中，有近10%的学生存在着中等程度以上的心理问题。"伴随着心理健康问题的增多，心理健康类突发事件也呈明显上升趋势。这类事件的防控重点在于维护学生的心理健康。因此，高校要加强大学生心理健康教育：一是加快心理健康知识的普及，将大学生心理健康教育纳入课程体系；二是设立专门的大学生心理健康教育机构，开展日常大学生心理健康咨询与辅导工作；三是建立健全心理危机预警与干预体系。

第三节　大学生思想政治教育的背景与使命

习近平总书记在第二十次全国高等学校党的建设工作会议上强调，高校是教育培养青年人才的重要园地。大学生是祖国的未来、社会的希望，其思想政治素质的好坏将直接影响我国人才资源的质量，影响我国社会主义现代化宏伟目标能否顺利实现，影响中国特色社会主义事业能否兴旺发达、后继有人，影响美丽中国梦是否能够实现。大学生思想政治教育理论是进行大学生思想政治教育的支撑，高校教师只有不断了解并熟悉这些思想理论，才能更好地进行大学生思想政治教育的实践，也才会在这些基本理论的指导下，促进大学生思想政治教育进一步发展。

任何事物的发生都和它所处的社会和时代背景紧密联系，大学生思想政治教育也是一样的。当今时代是一个快速发展的时代，是一个社会急剧变革的时代，也是一个色彩斑斓、变化莫测的时代，生活在这样一个时代的大学生，他们的思想、个性和行为特征，无不打上深深的时代烙印。因此，我们只有把大学生思想政治教育放在当今的社会生活和社会主义市场经济大背景下考查，才能更好地把握大学生思想政治教育的变化。

一、大学生思想政治教育的科学内涵

当今世界正处在大发展大变革大调整时期，和平、发展、合作的时代潮流更加强劲。世界多极化、经济全球化深入发展，多边主义和国际关系民主化深入人心，开放合作、互利共赢成为国际社会共识，国与国相互依存更加紧密。大学生思想政治教育是高校人才培养中的重要一环，我们在新时期必须对大学生思想政治教育进行研究，以推动大学生思想政治教育的发展。

（一）大学生思想政治教育的概念

思想政治教育是一种教育实践活动。思想政治教育就是改造人、塑造人的活动。大学生思想政治教育指的是高等院校按一定的社会要求，制定人才培养目标，有目的、有计划、有组织地培养大学生，使大学生符合一定的社会要求的社会实践活动。

我国社会主义高等学校的根本任务是培养全面发展的祖国建设事业的合格接班人。大学生是祖国的未来，他们的思想道德素质直接关系着国家的前途，他们的科学文化素质直接关系着民族的命运。作为中国特色社会主义事业的建设者，他们的素质直接关系着中华民族伟大复兴的"中国梦"的实现。大学生思想政治教育就是用马克思列宁主义、毛泽东思想、邓小平理论、"三个代表"重要思想、科学发展观和习近平新时代中国特色社会主义思想来教育大学生，使大学生坚持社会主义方向，树立崇高的理想，具备极高的社会责任感和使命感，把大学生培养成有理想、有道德、有文化、有纪律的一代新人。

（二）大学生思想政治教育相关概念阐释

在大学生思想政治教育中，绝大多数概念都有明确的含义，但有些概念的含义不太明确，在某种语境下含义可能还是相同的。这往往会给实际使用带来一定麻烦。为了求得对这些概念的准确使用，有必要对它们的内涵进行探讨。

1.高校政治工作与高校思想工作

"政治工作"一词产生于20世纪初，据学者考证，是由俄国布尔什维克党的创始人列宁首次提出的。"十月革命"一声炮响给中国送来马克思列宁主义的同时，"政治工作"的概念也由此传入我国。

政治工作指的是一定的阶级、政党、团体为实现自己的政治纲领和政治任务而进行的活动。中国共产党的组织工作、干部工作、宣传工作、群众工作、统战工作、纪检工作、党风廉政工作等，都属于中国共产党政治工作的范畴。

高校政治工作是高校的党组织为实现党的政治纲领和政治任务而在大学生中进行的政治活动。大学生政治工作是高校政治工作的重要组成部分。

高校政治工作往往需要结合具体的工作活动一道进行，把政治工作渗透到具体的工作活动中，克服高校政治工作与工作活动"两张皮"的问题。这种"渗透"还是一种思想政治工作的方法，通过这种方法，我们可以使大学生在潜移默化中受到思想政治工作的影响，从而实现党的思想政治工作的目的。

高校思想工作，指的是高校教育者根据我国社会主义发展的要求和工作职责，通过一定的方法和途径帮助大学生转变思想观念的一种思想政治活动。高校教育者通过做大学生的思想政治工作，可以使大学生的思想由不通到通，由模糊到清晰，思想觉悟水平由较低层次提升到较高层次。

高校思想工作可以分为政治性的思想工作和非政治性的思想工作，临时性的思想工作和经常性的思想工作，群体性的思想工作和个体性的思想工作，职业性的思想工作和非职业性的思想工作等。

在社会主义背景下，我国不少思想工作是政治性的思想工作。在建设中国特色社会主义的进程中，人们要"讲政治"，这样人们的思想认识才能统一到建设中国特色社会主义的伟大事业中，从而形成推动我国社会主义又好又快发展的巨大力量。于是，讲政治成了许许多多中国人日常工作、学习和生活的一部分。所以，政治性的思想工作成了我国社会生活的一大特色。这种情况必然要反映到大学生思想政治教育工作中来，使许多的大学生思想政治工作带有鲜明的政治性。例如，思想政治理论课的教学，学生的党、团课教育等，这些思想政治教育工作都具有鲜明的政治性。

尽管如此，高校政治工作和高校思想工作仍然是两个相互区别的概念。虽然高校政治工作包含有思想工作，但并不是所有的政治工作都包含有思想工作。大学生的思想问题可能是由政治性的因素引起的，也可能是由非政治性的因素（如思想方法、心理因素、生活习惯以及认识上的因素等）引起的。如果思想问题是由政治性的因素引起的，那么解决这种思想问题自然就是政治工作的任务；如果思想问题是由非政治性的因素引起的，那么解决这种思想问题便是思想工作的任务了。因此，我们不能把政治性的思想工作泛化了。高校针对大学生所做的不少日常思想工作是非政治性的思想工作，政治性的思想工作只是整个大学生思想政治教育工作中的一部分。

高校思想工作不等同于高校政治工作，高校思想工作和高校政治工作加起来，自然也不会是大学生思想政治工作。如果这样，就会使大学生思想政治工作这一概念的外延过大，在工作实践中就会造成职责的混淆，不利于大学生思想政治工作的开展，大学生思想政治工作只是高校思想政治工作的一部分。大学生思想政治工作就是高校政治工作中的思想性部分和高校思想工作中的政治性部分的有机融合。一般而言，凡纯属非政治性的具体思想和行为，如纯属大学生学习的具体思想和行为，纯属大学生个人私生活方面的具体思想和行为，一般都不应归入大学生思想政治工作领域。这些问题，理应由大学生自己去判断、选择和解决。大学生非政治性的思想问题如果与政治相联系，那么教育者就要先帮助大学生解决非政治性的思想问题，以创造解决大学生政治性思想问题的条件。例如，大学生在学习和生活中会遇到很多具体问题，如学习方法问题、学习毅力问题、学习挫折问题等，帮助大学生解决这些具体问题，往往能为开展大学生思想政治教育工作创造有利的条件。

2.大学生思想政治品德和大学生思想政治素质

大学生思想政治品德指的是大学生按照社会主义发展所要求的思想品质、政治品质、法纪品质、道德品质和心理品质进行修养，在个人身上所表现出来的较为稳定的心理特点、思想倾向和行为习惯的总和。

大学生思想政治品德有一个结构的问题。大学生思想政治品德的结构，指的是构成大学生思想政治品德的各个要素及其相互作用方式。简而言之，大学生思想政治品德是一个由心理、思想和行为三个子系统及多种要素按一定的方式联结起来的具有稳定倾向性的三维立体结构。

心理是大学生思想政治品德形成的重要因素。大学生思想政治品德是建立在一定的心理机制之上的。首先，思想政治品德的形成，是从知、情、信、意、行这几个心理过程的基本要素的运动变化开始的，因此，心理因素的发展变化是大学生思想政治品德形成的基础。其次，心理是大学生思想政治品德形成发展的动力。当大学生意识到自己有思想政治品德的需要时，由认知、情感、态度等心理因素的综合作用所形成的动机就会引起满足这种需要的行为发生。最后，心理是大学生思想政治品德形成的条件。在大学生的个性心理特征中，兴趣、性格、气质、能力都会影响大学生的思想政治品德的形成和发展。

思想是大学生思想政治品德的核心因素。第一，思想是联结心理与行为的纽带，制约着大学生心理的发展，从而支配着大学生的行为活动。第二，思想是大学生思想政治品德的社会内容。思想中所蕴含的观念（世界观、人生观、政治观、道德观等），尤其是政治思想，集中体现了思想政治品德的社会内容。第三，思想的社会内容很大程度上决定着大学生的思想政治品德的社会性质。

行为（思想政治品德行为）是大学生思想政治品德的外显因素，也是大学生思想政治教育的目的所在。第一，行为是大学生的思想政治品德的外显。评价大学生个体的思想政治品德，不仅要听其言，还要观其行，通过行为表现来判断大学生个体思想政治品德的优劣好差。第二，培养良好的思想政治品德行为习惯是大学生思想政治教育的直接任务和归宿。

心理、思想和行为三者之间是相互影响的，也是可以相互转化的。大学生的思想政治品德一般是按照心理、思想、行为的顺序逐渐发展的。在这个过程中，世界观的转变是最根本的转变，它在大学生思想政治品德结构中处于最高层次。

3.大学生思想政治工作与大学生思想政治教育

大学生思想政治工作以马克思列宁主义的科学理论为指导，主要是研究、运用大学生思想活动规律，提高大学生认识世界和改造世界能力的一项工作。

在我国，思想政治工作与中国共产党的思想政治工作是一个意思，它是党的工作的重要组成部分。大学生思想政治工作是学校党委领导下的一项重要工作，是党的思想政治工作的重要组成部分。

大学生思想政治工作是组织大学生为实现党的纲领和任务而进行奋斗的手段。它主要以马克思列宁主义、毛泽东思想、邓小平理论、"三个代表"重要思想、科学发展观、习近平新时代中国特色社会主义思想为指导，具有非常鲜明的党性、实践性和群众性特点。大学生思想政治工作具有科学性，它借鉴和利用心理学、教育学、伦理学、法学、政治学、社会学、管理学等学科的成果，遵循客观的工作规律，运用科学的方法。

大学生思想政治教育，指的是大学生思想政治教育者按照我国社会主义发展要求和大学生思想政治教育规律，有目的、有计划、有组织地培养大学生思想政治品德的社会主义实践活动。

大学生思想政治工作和大学生思想政治教育是两个相互区分又相互联系的概念。一般认为，这两个概念的含义大致相同，可以通用。但细辨起来，两者还是有一定区别的。大学生思想政治工作和大学生思想政治教育，虽然都是社会实践活动，但是这里的"工作"不等于"教育"，"教育"却是"工作"。大学生思想政治教育是大学生思想政治工作的基本内容，但不是大学生思想政治工作的全部。从这两个概念的逻辑关系上可以看出，两者之间是从属关系而不是并列关系，大学生思想政治工作的含义要宽广一些，大学生思想政治教育的含义则狭窄一些。

（三）大学生思想政治教育的特点

大学生思想政治教育的目的就是要使大学生树立正确的世界观、人生观和价值观，成为有理想、有道德、有文化、有纪律的一代新人。大学生思想政治教育的特点主要有以下几个。

1.时代性

大学生思想政治教育的时代性指的是，在对大学生进行教育时，必须紧跟时代的步伐，符合社会发展潮流，教育者应为大学生思想政治教育赋予鲜明的时代特征。大学生思想政治教育的时代性主要体现在教育内容上，包括党的路线、方针、政策，以及这些内容的理论来源和现实依据等，其共同构成了一个具有紧密内在联系的整体系统。时代是向前发展的，在对这些内容进行学习的过程中，大学生也必须紧密联系现代理论的发展，这对大学生正确世界观、人生观、价值观的形成具有重要意义。

2.民族性

民族是人类社会存在的一种形式，是一种自然的历史存在。中国在历史发展的长河中，逐渐形成了自己的民族，并培养了丰富的民族情感，这在大学生思想政治教育中占据着重要的地位。高校要以爱国主义教育为重点，深入进行民族精神教育，引导大学生增强民族自尊心、自信心、自豪感，做到以热爱祖国、贡献全部力量建设社会主义祖国为最大光荣，以损害社会主义祖国利益、尊严和荣誉为最大耻辱。在数千年的历史发展中，中华民族培养出了博大精深、源远流长的民族精神，这是中华民族生命力的所在，同时也是大学生思想政治教育的重要一环。

3.人文性

人文性，顾名思义，主要指的是人的文化，也就是人的现代化，社会主义的本质要求就是实现人的全面发展，因此大学生思想政治教育就不可避免地带有人文特性。科学发展观就是在以人为本的基础上提出的，表明中国共产党能够自觉认识人类社会发展规律，对中国社会的科学发展具有重要的指导意义。当前在大学生思想政治教育中，更加注重以学生为本，在对学生进行教育的过程中，同时关心学生的生活，这样就将塑造学生和服务学生，校园文化建设与学生健康成长有效结合了起来，充分体现出对大学生的人文关怀。

重视对大学生的人文关怀，必须从当代大学生的思想实际出发，树立民主、平等、沟通和协商的新观念，把大学生思想政治教育做细、做活、做实。我们要深入细致地研究当代青年思想中的热点、难点和疑点问题，提高他们的人文素质，培养他们的人文精神；要加大校园文化建设的力度，通过各种形式的校园文化活动营造健康、文明、积极向上的生活氛围；要不断扩大大学生思想政治教育的覆盖面，使思想政治教育工作进公寓、进社团、进网络。

4.全员性

在大学生思想政治教育上，教育者不仅仅是政治理论课教师，他们具有自适应性，能够与环境以及其他主体进行交互作用，具有自身的目的性与主动性。正是在教育者和被教育者的反复、相互作用下，教育目标才得以最终实现。大学生思想政治教育工作是一项理论性、知识性和实践性很强的综合性工作，必须有一支以专职为骨干、专兼结合，受过系统、科学的培训，并具有一定理论水平和实践经验的工作队伍来支持。高校要调动各方面的力量积极参与到大学生思想政治教育的工作中。

5.灵活性

大学生思想政治教育的方法具有灵活性。在大的时代背景下，随着改革开放的深入和社会主义市场经济体制的不断完善，思想政治教育方法也在不断改进。面对大学生群体时，思想政治教育工作者要把握学生的身心发展规律，紧跟时代步伐，着力在方法上创新，对于不同时期、不同层次学生反映出来的现实问题，要对症下药、有的放矢。

学生思想上的问题或不良习惯的纠正，并非是谈一次话，开一次会就能解决的，教育工作者要有耐心、有恒心，针对不同的问题不同对待。行之有效的方法归纳起来主要有目标灌输法、积极疏导法、榜样示范法、调查实践法、奖惩结合法等。在这些方法中，思想政治教育工作者还要根据思想政治教育的不同任务和不同对象，将其转变成更具体的方法而灵活应用。根据多年的实践，大部分大学生思想政治教育工作者认为目标灌输法、积极疏导法是两个更为有效的方法。

6.创新性

创新是历史进步和人类自身发展的永恒动力，创新精神是时代精神的集中体现。高校在全民族创新体系建设中承担着重要的历史使命，大学生思想政治教育创新是高校创新的重要内容，创新性是当代大学生思想政治教育的重要特征。

大学生思想政治教育的创新包括观念、内容、方法、手段、机制等方面的创新，目的是实现大学生思想政治教育由传统向现代的全面转型。在教育观念创新上，要实现封闭式教育向开放式教育转变，由补救式教育向前瞻式教育转变，由隐性教育向显性教育转变，由模式化教育向个性化教育转变；在教育内容创新上，要加强创新素质教育、人文素质教育和个性化教育；在教育手段创新上，要充分利用现代教育技术发展的成果整合大学生思想政治教育资源，实现大学生思想政治教育的科技化；在教育方法创新上，要把灌输法和体验法相结合，他教法和自教法相结合，激励法和人格法相结合，传统教育法和现代教育法相结合；在教育机制创新上，要建立科学的管理机制、充分的保障机制、有效的激励机制和全面的评估机制。在大学生思想政治教育创新过程中，教育工作者要注意借鉴中国传统道德教育的精华，继承和发扬党的思想政治教育的优良传统，同时要辩证地吸收国外大学生思想道德教育的有益成分。

7.综合性

大学生思想政治教育内容是综合性的教育内容。教育工作者要综合运用马克思主义理论，对大学生进行理论教育。马克思列宁主义是对社会发展和人的全面发展进行综合性研究的理论成果，其研究领域覆盖政治、经济、文化、社会和人的思维等多个层面。思想政治教育是做人的工作，教育工作者要运用包括哲学、政治学、教育学、社会学、历史学和伦理学等多学科的教育内容，开展丰富多样的教育。同时，还要综合协调各方面的力量和综合利用各种教育途径和方法，进行思想政治教育。以上都体现出思想政治教育的综合性。

（四）大学生思想政治教育的意义

1.有利于和谐社会的构建

从本质上讲，大学生思想政治教育的主要内容与和谐社会的本质要求是一致的。和谐社会指的是人与自然、人与社会、人与自身之间的三大矛盾全面和谐的社会。而在这三大矛盾中人与自身的和谐是人与自然和谐、人与社会和谐的产物，是社会和谐发展的根本前提。要使人与自身和谐，就是要使个体具有正确的世界观、人生观、价值观，拥有健全的人格，这样人才能够合理地处理个人与自然、个人与社会之间的复杂关系，进而使自身融入自然、融入社会。建设社会主义和谐社会，必然包含对包括大学生在内的所有公民进行思想政治教育。

当代大学生作为社会中一个极其重要并负有特殊使命的群体，在我国的经济体制改革和其他各项改革深入发展的阶段，他们生活在一个重大战略机遇期的时代环境下，不仅比以往任何时候的青年学生都拥有更大的发展空间，更多的发展机遇。同时他们也承受着更大的心理压力、学业压力以及就业压力，他们在心理和精神方面的不成熟很可能导致一些社会不和谐的局面出现，因此，我们要实现构筑和谐社会的目标，就需要对大学生进行思想政治教育，促进和谐社会的建构。

2.有利于实现中华民族伟大复兴的中国梦

随着经济全球化的不断发展，世界各国之间的竞争也越来越激烈。在影响国家世界地位的多种因素中，人才是最为重要的一个因素。所谓的人才，就是那些文化水平高，思想道德素质优良，能够为祖国建设做出贡献的人才。人才具有何种素质、拥有何种人才这些要素在综合国力的竞争、推进民族的复兴中具有重要意义。对大学生进行思想政治教育，就是要塑造出一批具有高素质水平、丰富创造力，忠于国家、忠于党、忠于人民的合格建设者。只有这样，我国才会在激烈的国际竞争中占据优势。当今时代的经济政治竞争说到底其实是人才的竞争，谁拥有高素质的人才，谁拥有高水准的人民群众，谁就能在各项竞争中占据主动地位，先发制人，实现经济效益和社会效益的双丰收。同时这也是实现中华民族复兴的要求，也是不断推进我国社会主义教育事业发展的新任务。因此，人才的培养对于我国在日益激烈的国际竞争中立于不败之地具有十分重要的意义。

对大学生进行思想政治教育，有利于社会主义现代化建设的实现。大学生是祖国的未来，是民族的希望，提高大学生的思想政治素质，对于提高整个中华民族的思想道德水平具有重要的作用。与此同时，由于大学生是最富有生机、最富有活力的一个庞大的社会群体，他们的素质和思想道德水平，直接关系着国家的前途、民族的命运。他们还具有重大的示范作用，可促进周围的人言行举止的改善，他们思想道德素质的提高对于全民思想道德素质的提高具有重要的推动意义，因而，要提升全民族的思想道德素质，加快推进社会主义现代化宏伟目标的顺利实现，必须高度重视大学生思想道德素质的提升，高度重视大学生思想政治教育。

二、大学生思想政治教育的时代背景

当今中国社会，随着改革开放的深入发展，经济全球化、文化多样化进一步发展。文化多样化冲击着大学生的心灵，使部分大学生产生道德、信仰和理想上的困惑，他们对社会转型时期所遇到的各种矛盾会更加敏感，因此也就更需要别人的帮助。事实告诉我们，当前高校思想政治理论教育的难度不是变小了，而是增大了。其关键问题就是，现代大学生出现了很多独特的特点，如何针对他们的特点进行有针对性的思想政治教育，就成为当前大学生思想政治教育的重点。

（一）大学生思想政治教育的形势变化

新挑战源自新环境，正是由于国内外形势的新变化，大学生思想政治教育要面临新的挑战。大学生思想政治教育的形势变化主要表现在以下几个方面。

1.经济全球化

经济全球化目前已经成为世界经济发展的必然趋势，也是各国经济发展依赖的外部环境。经济全球化不仅给经济发展创造了条件和机会，还给经济发展带来了前所未有的挑战和风险。经济全球化已经成为目前世界经济发展的特征，是连接中国和世界的纽带和桥梁。

研究经济全球化对我国的影响，我们要注意以下两个问题。

（1）经济全球化的本质和现象

从本质上来看，经济全球化出现的基础是市场经济体制，先进的科学技术和社会生产力是经济全球化发展的手段和途径，经济效益的最大化是经济全球化的最终目标，经济全球化就是一个以国家为主体，利用发展手段，在市场经济的基础上实现经济效益最大化的过程。

从现象上来看，经济全球化就是超越国界范围的经济活动通过对外贸易、资本流动、服务交易等实现。

（2）经济全球化对我国的影响

在经济全球化的过程中，一国的经济震动就会给其他各国带来或大或小的影响。比如说，美国的经济危机就使得包括中国在内的很多国家发生了经济震荡。由于经济全球化，西方的政治强权能够对我国的政治和军事格局产生影响；同样也是由于经济全球化，我国能从西方国家获得更多的经济发展机会。

不难看出，经济全球化对我国的影响有积极的方面，也有消极的方面。中国的发展离不开经济全球化，但是在经济发展的过程中，我们要做好迎接西方文化挑战的准备。

2.经济市场化

我国经济体制的改革目标是建立并完善具有中国特色的社会主义市场经济体制。改革开放以来，我国的市场经济体制已经逐步建立起来，我国经济迅猛发展，经济实力和综合国力都有了明显的提升。

我国的经济市场化给我国社会带来了深刻的影响，其间接影响着大学生思想政治教育的方向和方式。我国的经济市场化对我国社会的影响主要表现在以下几个方面。

（1）经济管理体制和管理模式的变革

随着我国经济市场化的发展，我国的经济管理体制和管理模式也经历了一系列的变革。政府逐步取消了对经济生产的指令性控制，转而让市场对生产进行制约，让企业能够自己决定产量。

（2）社会结构呈现多样化

经济市场化造成了我国社会结构呈现出多样化的特点。这主要是由经济成分和经济利益的多样化造成的，而社会结构的多样化具体表现为社会阶层的多样化，社会阶层的多样化又会进一步推动人们生活方式、思维模式以及行为方式的多样化。

（3）中国经济市场化成果丰硕

在经济市场化的环境之下，我国的经济市场化改革取得了重大的成果，市场开始在资源配置中发挥作用。国有企业的市场化程度得到了明显的提高，非国有制经济大幅增长。

3.文化多样化

在社会的发展中和社会交往中文化多样化对人们生活方式的建立和思维习惯的养成具有重要的影响。文化本身就是丰富多彩、多种多样的。21世纪，人类文化的发展进入了新的阶段。我们应尊重各民族的文化习俗，加强不同文化之间的沟通与交流，促进世界范围内多样化的文化格局的形成。

随着我国改革开放的深入，科学技术的迅速发展为我国多样化文化格局的形成提供了坚实的基础。生产力的发展成为文化多样化的推动力。社会经济成分、就业形式以及社会利益关系的多样化发展，使得社会精神文明生活也趋于多样化。文化的多样化是广大人民对文化方面需求增强的最好体现，是人民精神世界和个性特点的多样化的表达。文化的多样化是改革开放的必然产物，同时也是顺应我国改革开放、时代进步的趋势的结果。

文化多样化主要表现在以下两方面。

（1）传统文化、西方文化以及当代马克思文化共同发展

文化的多样化不仅体现在国内各种文化的共存上，还体现在国内外多种文化共同发展的特征上。当代中国的先进文化，是在继承和发扬中国传统优秀文化的基础上，代表最广大人民根本利益的文化，是以马克思列宁主义为指导思想的文化。"先天下之忧而忧，后天下之乐而乐"的政治抱负，"位卑未敢忘忧国""苟利国家生死以，岂因祸福避趋之"的报国情怀，"富贵不能淫，贫贱不能移，威武不能屈"的浩然正气，"人生自古谁无死，留取丹心照汗青""鞠躬尽瘁，死而后已"的献身精神等，都体现了中华民族的优秀传统文化和民族精神，这些我们都应该继承和发扬。当然，在我国先进文化的发展过程中，我们难免要摒弃我国传统文化中糟粕、消极的部分，积极吸取国外优秀文化的精髓。

（2）主文化、亚文化以及负面文化的共存

文化的多样化首先表现在主文化、亚文化以及负面文化在文化市场中的共存上。主文化，指的是在社会中占据主导地位的文化，体现了一国的根本价值观。亚文化，指的是不在整个社会中占据主要地位，而只在特殊群体中受到推崇的文化，体现了在社会转型加速期社会价值观念的分化。负面文化，指的是完全与主文化相反的文化，其对人们的日常生活起不到积极作用。

我国当代文化的多样化表现出传统文化、西方文化以及当代马克思列宁主义文化共同发展的趋势。传统文化指的是在进入现代社会之前，我国经过长期的发展和历史沿革所形成的独有的文化。传统文化经过长久的发展和继承，成为规范人们行为习惯的共同精神，对人们价值观的形成和思维方式的养成具有重要的引导作用。西方文化指的是最早在欧洲形成，并且逐渐在欧洲、北美洲以及澳洲等地区盛行的文化。从本质上来看，西方文化是一种个体文化，相对来说，东方文化是一种整体文化。

在经济全球化的大环境下，社会避免不了向多极化方向发展。随着科学技术的发展，各地区之间开放程度的提高以及网络时代的来临，文化多样化将是经济全球化、社会信息化等的必然结果。

在当今的社会环境中，文化的多样化不仅丰富了社会文化的内容，还满足了人们对精神文化不同层次、不同类别的需求。同时文化多样化对人们来说是一种强烈的精神冲击，尤其对于价值观念尚未完善的大学生来说，在这样文

化迅猛发展的时代，要形成科学的人生观和价值观是不容易的事情，这也给大学生思想政治教育带来了挑战。

4.社会信息化

大学生思想政治教育所面临的环境变化之一就是社会信息化。随着社会的发展，科学技术不断进步，网络和电子设备已经渗透进我们日常生活的方方面面。社会信息化就是科学技术全面发展的重要表现之一。社会信息化指的是通过现代技术和网络设施将信息资源充分传递到社会发展的各个方面。信息化是从有形的物质产品创造价值向无形的信息创造价值转变，也就是从以物质生产和消费为主转向以精神生产和消费为主。

相关调查数据显示，目前，我国正处于从被动应对全球社会信息化向主动发展信息化转变的关键阶段。我国的经济增长和社会发展为信息化的发展奠定了坚实的基础。

大学生是对信息最敏感、最渴望的群体，是社会信息化的主动参与者和推动者。因此，社会信息化不仅会对大学生的思维方式产生影响，还会给大学生思想政治教育带来挑战。

（二）时代变化为大学生思想政治教育带来的机遇

1.创建了大学生思想政治教育的和平环境

改革开放以来，在全球范围内，无论是政治、经济领域还是文化领域，中国都开始承担起大国的国际责任，在推动双边及多边贸易、和平解决核危机、平息国际争端等方面都发挥出重要的作用，中国的国际地位得到很大提升。在世界多元化的迅速发展下，中国特色社会主义事业的发展也取得了令人瞩目的成就，人民的爱国主义和社会主义信念空前高涨。随着我国市场经济的发展，人们的生活质量有了很大提高，社会实现了安定团结，这为大学生思想政治教育的发展提供了稳定的社会环境，有利于为大学生提供一个良好的学习教育环境。

2.增加了大学生思想政治教育资源和内容

经济全球化背景下，信息技术的发展使得思想政治教育者也获得了更加便利地调用各种教育资源的条件，大学生面临着一个开放的信息世界，他们可以在丰富多彩的信息世界尽情地遨游。思想政治教育者还可以利用网络与学生进行互动，更为准确地把握教育对象的心理状态、思想动向等。教育者对这些资源的掌握与开发越多，大学生思想政治教育就越有针对性、越富有成效。

在新形势下，大学生思想政治教育要具有开放性和国际性，其被赋予了更多的时代特性。与此同时，关注人的社会生存环境、生活质量以及人类的道德完善和全面发展问题，尊重人类的共同规范，保护生态环境，维护世界和平，促进人类发展，也是大学生思想政治教育需要研究的新课题。在社会信息化条件下，提高大学生的信息素养，提升大学生的信息意识，使大学生树立信息观念，也成为大学生思想政治教育的新内容。在文化多样化的条件下，高校要进一步加强和改进以马克思列宁主义为指导的主流文化教育，而且要在大学生的通识教育中，将中华民族优秀传统文化与世界其他国家和民族的优秀文化结合起来。在社会主义市场经济条件下，我们要将市场意识、竞争意识、效率意识、平等意识、民主意识、规则意识等这些适应市场经济发展的观念和素质纳入大学生思想政治教育的内容体系中，增强其时代感和现实性。

3.凸显了大学生思想政治教育的重要地位

随着经济全球化在世界范围内的兴起，再加上社会信息化的不断发展，各国之间的竞争也愈加激烈，竞争的焦点主要集中在人才上，人才因素在综合国力竞争的影响因素中占据着重要的地位。人才在世界竞争中占据着如此重要的地位，因此我们必须重视对人才的培养，在重视对其进行科学文化素质培养的过程中，还要注意对其高尚品格的塑造。知识经济和信息技术的发展必然会更加凸显社会道德及人的情感等精神因素的重要性。随着经济全球化的发展和知识经济的兴起，在世界范围内综合国力竞争日益激烈的条件下，培养一批高质量的人才显得极为重要，其不仅要具有强烈的爱国主义精神，同时也要有高度的创新精神，德才兼备。在这种情况下，我国坚持科教兴国就显得尤为重要，高校应加强对大学生进行思想政治教育，培养大学生高尚的道德情操，拓宽大学生的国际视野，培养出可以面向世界的高素质人才。

4.拓宽了大学生思想政治教育的视野

经济全球化与社会信息化的迅速发展，还拓宽了大学生思想政治教育的时空，这就要求我们在对大学生进行思想政治教育的过程中，必须面向国际社会，对教育的理论和实践都要重新进行审视。经济全球化唤醒了他们的国际意识、竞争意识和进取意识。伴随着经济全球化的发展，西方国家的一些势力既想从中国获利，以便长期保持自己的经济优势，延缓中国上升为世界强国的步伐，这些现象都强烈地影响着大学生的思想，也为新时期加强大学生的国际意识教育和爱国主义教育提供了很好的契机。

大学生思想政治教育时空视阈的世界性拓展，不仅拓宽了大学生的国际视野，还为我们充分利用这种新机遇做好大学生思想政治教育提供了新的思路。在新形势下，大学生思想政治教育工作者必须以宽阔的国际视野汲取人类文明的一切优秀成果和先进经验，在全球视野中推进大学生思想政治教育的改革与发展。

5.为大学生思想政治教育提供新载体

以网络技术为核心的现代信息技术的迅速发展，不仅推动了经济全球化，还给大学生思想政治教育提供了新的载体。网络作为大众媒介，与传统的报纸、广播、电视相比，显示出自身的许多特点和优势，主要有以下五个表现。一是传播方式的交互性。在网络上，传播者和受众可以通过各种软件和方式及时沟通，使信息的反馈得以及时实现，这在全新的意义上实现了受众对信息传播过程的参与。二是信息传播的高效性。在现代信息化条件下，信息能随时更新，甚至实时传播。三是传播空间全球化。目前，网络已经延伸到多个国家和地区，网络使家庭与学校连为一体对学生进行思想教育。通过网络，家长可随时与学校联系，做到了家校结合，共同做好学生的思想政治教育。四是传播手段多媒体化。网络作为一种新的传播方式，同时具备人类现有的一切传播手段。网络可以发挥多媒体技术手段的优势，使传播效果最优化。五是开辟了大学生思想政治教育的新阵地。学生利用网络来了解国内外、校内外发生的事件，网络日益成为大学生思想政治教育的新阵地。

（三）时代变化为大学生思想政治教育带来的挑战

当前大学生思想政治教育的外在环境概括起来存在经济全球化、经济市场化、文化多样化以及社会信息化等趋势。这些环境的变化趋势也为大学生思想政治教育带来了一定的挑战。

1.经济全球化带来的挑战

无论从客观方面来理解还是从主观方面来理解，经济全球化都对我国大学生思想政治教育造成了一定的影响，并带来了很大的挑战。从客观现实来看，经济全球化已经成为西方资本主义国家试图将西方国家的意识形态强加到世界其他国家的手段和工具。

在经济全球化的背景下，西方的意识形态表现出新的渗透方式，手法不断创新，并且越来越具有欺骗性。这样的状况对我国大学生思想政治教育也产生了一定的影响。首先，大学生思想政治教育需要面对西方发达国家的先进科学技术以及现代化高教育水平的挑战；其次，对于西方意识形态不断渗透进我国，导致我国一些大学生产生各种不健康、不科学，违反我国艰苦朴素优良传统的价值观的问题，大学生思想政治教育也需要更为重视。

2.经济市场化带来的挑战

改革开放以来，我国社会主义市场经济得到了空前的发展，社会主义市场经济体制也得到了完善，市场经济的发展同样对大学生思想政治教育提出了一些新的挑战。

在市场经济不断发展的当下，虽然我国经济和综合国力都得到了提升，但是不可否认的是，市场经济体制的发展仍然暴露出一些问题，如市场经济自身的局限性决定了其可能诱发拜金主义、享乐主义、利己主义等思想的出现。在这些思想对我国传统的以最广大人民群众利益为根本原则的思想造成了冲击的同时，国外资产阶级腐朽的思想文化乘虚而入，这对大学生思想政治教育带来了一系列挑战。由于这些思想的出现，一些大学生开始出现一些不健康的心理倾向，如投机心理等，这些心理会导致大学生养成不良的行为习惯。大学生思想政治教育工作者必须时刻关注大学生的行为和思想，发现问题时，要以正确的人生观和价值观加以引导。

3.文化多样化带来的挑战

文化多样化发展也给大学生思想政治教育带来了一定的挑战，主要表现在以下两方面。

（1）对价值观念的挑战

文化多样化的发展趋势给我国传统的价值观念带来了冲击，改革开放以来，社会实践推动了我国人民思想观念以及价值观念的多元化发展。市场经济的发展导致了不同利益群体的形成，这些不同的利益群体又产生了属于自己的独特的价值观念。大学生从小生长在存在不同价值观念的家庭环境和校园环境中，受到不同价值观念的影响，必然会出现价值观念矛盾的问题。同时，大众传媒的发展为这些不同的价值观念提供了传播的平台，各种文化在传播媒体上以各种各样的形式传送给大学生。这就需要大学生思想政治教育工作者在教学过程中重视对科学理论知识的传授，引导大学生纠正错误的价值观念，在形成科学人生观的基础上建立正确的价值观，指导学生更客观地看待这个世界。

（2）对我国传统主流文化地位的挑战

文化多样化的发展趋势对我国传统主流文化的地位也是一个大挑战。经济全球化的发展以及信息在全球范围内的蔓延，不同思想文化之间的碰撞在所难免。在各种思想文化交流、互动的过程中，总是处于高势位的文化掌握着交流的主动权。这种交流形式决定了文化交流的不平等性。因此，在大学生思想政治教育中，我们要重视大学生对思想文化的认识和理解，帮助他们建立起对中国传统的民族文化的自信，以防止文化多样化导致我国传统文化社会边缘化的现象出现。

4.社会信息化带来的挑战

社会信息化改变了人们获取信息的方式，作为社会信息化发展较先进的西方国家，信息技术和网络技术的发展成为其谋求在国际社会上更高的社会地位的工具和手段。我国如果一味容忍西方国家利用技术方面的优势对我国的社会秩序进行干扰，将有害信息传播到我国，那么就会给大学生带来强烈的冲击，大学生将会面对与他们价值观念完全不相符的信息和消息。在这样的情况下，维持大学生价值观念的稳定，引导大学生形成科学的人生观、价值观、世界观，正确认识这些信息就显得尤为重要。

信息化进程的推进使人们获取信息的途径变得广泛、方式变得先进。信息传播的方式逐渐向多样化发展。在大学生思想政治教育中，社会信息的广泛传播，使得大学生接收到的信息可能会存在很大的差异，导致大学生越来越具有自己的个性，形成属于自己的行事风格和思维方式，这对大学生思想政治教育提出了更高的要求。教育工作者应认真思考这一问题，即怎样面对价值观念、认识世界的方式完全不同的大学生群体，并给他们提供帮助。

网络是一把"双刃剑"，互联网技术的快速发展使得相关的法律制度并不能完全跟上节奏，这就会造成部分大学生在网络环境中出现行为不规范以及心理异常等问题。在网络环境中管理力度不够使得网络行为得不到有效监管，纵容了某些大学生自我意识的膨胀和道德责任的缺失。这些问题都是大学生思想政治教育工作者需要考虑和面对的问题。

三、大学生思想政治教育的任务

大学生思想政治教育的根本目的是培养学生成为德、智、体、美全面发展的，又红又专的社会主义建设人才。这个根本目的贯穿学校教育过程的始终，决定了大学生思想政治教育的任务。

我们要把立德树人作为教育的根本任务，培养德、智、体、美全面发展的社会主义建设者和接班人。大学生思想政治教育的任务，就是用共产主义思想体系教育学生，提高他们的无产阶级思想觉悟，使他们确立正确的立场，掌握正确的学习方法，并在实践中提高他们改造世界的能力，把他们培养成德、智、体、美全面发展的社会主义建设人才。社会主义建设者和接班人是对社会主义劳动者的统一要求，即在社会主义建设中是合格的建设者，在社会主义革命事业中是可靠的接班人。具体而言，主要体现为以下几个方面。

（一）培养德、智、体、美全面发展者

德、智、体、美全面发展是大学生思想政治教育目标内涵的体现，即通过对大学生进行德育、智育、体育、美育教育，实现大学生德、智、体、美诸方面的发展。

1.德

德即品德，是大学生全面发展的主要组成部分。教育者按照一定的社会要求，有目的、有计划、系统地对大学生进行思想政治教育，大学生通过积极的认知与践行，从而形成一定社会所需的品德。良好的品德能确保大学生沿着社会所期望的方向发展，不仅是大学生智、体、美方面发展的保证，也是推动大学生智、体、美方面发展的动力。

（1）思想政治方面

思想政治方面使大学生热爱祖国，具有民族自尊心和自信心，自觉维护祖国的荣誉和各民族的团结；树立全心全意为人民服务思想；拥护党的领导和党的基本路线，确立在中国共产党领导下走中国特色社会主义道路，实现中华民族伟大复兴的共同理想和坚定信念；认真学习马克思列宁主义、毛泽东思想、邓小平理论、"三个代表"重要思想、科学发展观、习近平新时代中国特色社会主义思想，树立科学的世界观、人生观、价值观，了解国家的基本政治、经济、文化制度，能正确认识人类历史发展规律；有基本的民主与法治观念，自觉遵纪守法，正确行使法律所赋予的民主权利，自觉履行法律所规定的义务，维护学校和社会安定；相信科学，反对封建迷信和陈陋习俗。

（2）道德品质和文明习惯方面

道德品质和文明习惯方面使大学生进一步认识到个人的成长发展与他人、集体、国家、社会和民族之间的关系，具有国家利益、集体利益和个人利益相结合的集体主义精神，热爱劳动，自觉遵守社会道德规范；具有艰苦奋斗的精神，具有强烈的使命感和责任感；诚实守信、勤劳敬业、谦虚谨慎、乐于助人、尊敬师长、礼貌待人、自觉抵制社会不良风气；严格遵守校规校纪，维护校园的安全和秩序。

（3）个性品质和能力方面

个性品质和能力方面使大学生具有自我教育能力，具有良好的人文素质

和科学精神，能够正确判定真善美与假恶丑，富有创新精神，能根据社会的发展变化，树立与社会相适应的发展观念，具有对社会复杂现象的分析、判断能力；具有良好的个性品质和坚强的意志力，自尊、自爱、自律和自强；具有积极向上的精神，广泛的兴趣、爱好；面对困难和失败具有较强的心理承受能力和调适能力。

2.智

智即才智、智力，是大学生全面发展的基本组成部分。教育者要有目的、有计划、有组织地向大学生传授系统的科学文化知识。智是大学生从事社会主义建设所具有的实际本领，是成为对国家有用的人才的重要基础。要使大学生具有高尚的情操、崇高的理想、健康的审美情趣、科学的卫生保健知识，就要依靠知识技能的准备和智力的支持。

（1）系统的科学文化知识方面

系统的科学文化知识方面使大学生具有合理的知识结构，既有精深的专门知识，又有广博的知识面，形成未来事业发展实际需要的合理而优化的知识体系，主要包括人文社会科学知识、自然科学知识和专业知识。其中，人文社会科学知识是人文科学知识和社会科学知识的总称，包括哲学、经济学、政治学、法学、文艺学、伦理学等方面的基础知识和方法。自然科学知识是人类改造自然的实践经验即生产斗争经验的总结，是关于自然界的物质形态、结构、性质和运动规律的知识，包括数学、物理学、化学、天文学、气象学等基础知识和农业科学、生物学等实用科学知识。专业知识，指的是一定范围内相对稳定的系统化的知识，指的是从事本专业实际工作的基础理论和基础知识。大学生要努力掌握本专业系统的理论知识，不断拓宽自己的知识面，提高人文素质和科学素质。

（2）基本技能和技巧方面

基本技能和技巧方面使大学生获得在日常智力和体力活动中常用的活动方法，具有从事本专业实际工作的基本技能和技巧，如学习技能、操作技能、社会活动技能等。特别要培养大学生的创新能力和实践能力。大学生具有创新意识和创新能力是成为高素质人才的保障，是在未来竞争中赢得胜利的关键。实践能力也是一种很重要的素质，大学生既要有很强的动脑能力，也要有相应的动手能力，以便学以致用。

（3）发展智力方面

发展智力方面使大学生具有良好的观察能力、想象能力、形象思维能力、创造能力、自学能力，以及分析问题、解决问题的能力；拓宽视野，发挥优势和特长，具有实事求是、独立思考的科学态度和不断追求新知识的科学精神。

3.体

体即身体，是大学生全面发展的基本组成部分。体育指的是教育者向大学生传授有关的基本知识、技术和技能，以身体练习为基本手段，发展身体能力，增强体质。身体是大学生全面发展的生理前提，是智力活动和其他一切活动的基础。大学生的身体素质具有先天遗传性和个体差异性，健康的体魄是大学生全面发展的基础和保障，是大学生为人民服务的基本条件，是中华民族旺盛生命力的体现。

（1）身体素质方面

教育者可运用各种适当的方式，有计划、有组织地指导大学生锻炼身体，促进大学生身体的正常发育和机能的发展，增强体质，使大学生具有健康的体魄和从事生活、生产所需的身体活动能力；使大学生掌握体育锻炼的基础知识、基本技能、技巧和方法，逐步养成自觉锻炼的习惯。

（2）卫生习惯方面

卫生习惯方面使大学生具有丰富的卫生保健知识，养成良好的卫生保健习惯，自觉在日常生活中维护身体健康。

（3）体育道德品质方面

体育道德品质方面使大学生具有良好的体育品德。体育是人类精神文明的重要领域。体育能够使大学生具有团结友爱的精神、顽强的意志，以及活泼开朗的性格。

4.美

美即审美，是大学生全面发展中不可缺少的组成部分。教育者通过各种艺术以及自然界和社会生活中美好的事物对大学生进行审美教育，使大学生具有正确的审美观以及认识美、鉴赏美和创造美的能力，具有高尚的情操和文明的素养。

（1）审美观方面

审美观方面以辩证唯物主义的文艺观点和理论武装大学生，使大学生逐步形成马克思列宁主义的文艺观点和审美标准，具有审美的比较及分析能力，提升精神境界，能区别真善美与假丑恶；具有感受现实美、艺术美的能力，陶冶性情，逐步形成高尚的审美情感，能够抵制各种精神污染。

（2）审美的知识与能力方面

审美的知识与能力方面使大学生掌握各门艺术的基本知识，具有正确理解和善于欣赏美的知识与能力，能以马克思主义的审美观分析、评价艺术作品和社会上的美好事物，了解各种艺术表现方法和特点；具有良好的艺术修养，逐步提高审美能力，丰富精神生活。

（3）审美实践方面

审美实践方面使大学生不仅具有感受美和欣赏美的兴趣和能力，还具有创造现实美和艺术美的才能和兴趣；自觉把美体现在生活、学习、劳动和其他活动中，逐步形成美化环境以及生活的习惯；形成健康的志趣和爱好，学会按照美的法则认识生活、创造生活，有美好的情操和健全的人格，做到心灵美、语言美、行为美。

综上所述，德、智、体、美是大学生全面发展的有机组成部分。各要素之间的相互关系是辩证的，各有其责，不能相互代替，但各部分又相互联系、相互渗透、相互促进并构成一个整体。其中，德是大学生全面发展的思想基础，对大学生全面发展起着保证方向和保持动力的作用；智为其他各方面的发展提供科学知识和智力基础，各目标的实现都不能离开知识技能；健康的体魄为全面发展提供物质基础，是各目标实现的生理保证；美可以促进大学生德、智、体的发展和提高，渗透大学生全面发展的各个方面，对大学生的身心健康、和谐发展有促进作用。因此，大学生思想政治教育的目标便是通过实施德育、智育、体育、美育教育，使大学生成为德、智、体、美全面发展的新一代人才。

（二）培养中国特色社会主义事业建设者

在高校加强对大学生进行思想政治教育，一个重要的目的就是培养社会主义事业的合格接班人。大学生作为祖国的未来，要努力塑造自身，成为一个德、智、体、美全面发展的人才，同时无论是在实践上还是在创新上都要提高对自身的要求。具体来说，主要表现在以下两方面。

1.勇于创新

勇于创新是中国特色社会主义建设者的重要内在素质要求。创新是知识经济时代内涵的集中体现，在提升综合国力方面起着重要的作用，推动着民族的进步，为国家的发展提供源源不断的动力。如果没有创新，那么这个国家就会失去发展的希望，国际地位也会因此降低。现代社会，科学信息技术迅猛发展，在这样一个特殊时期，谁具有科技创新能力，谁就掌握了发展的主动权。

而人才是创新的关键，高校又是培养人才的重要载体，因此对于大学生的思想政治教育，必须要朝着创新思维的方向培养，为祖国的建设输送更多的人才。创新可以作为评价大学生能否获得成功的关键因素，因此在对大学生进行思想政治教育的过程中，必须将创新作为培养的一个重要目标。

在以往的高校教育模式中，主要重视的是共性教育，采用的教学方式通常是灌输式的，在这种情况下，部分大学生在接受教育的过程中，失去了自身的主动性。在高校教育中，部分大学生缺乏对自身发展进行总体规划的意识，性格过于保守，缺乏竞争意识，这就在很大程度上限制了大学生创新意识的培养。因此，对大学生进行思想政治教育，必须重视创新精神、创新意识、创新思维和创新能力的培养，为中国特色社会主义事业的建设培养合格的接班人。

（1）想象力方面

想象力方面逐步丰富大学生的想象力，使大学生能摆脱具体现象的束缚，可以不依据现成的描述，在头脑中独立地创造出新的形象，将思维的触角指向未来。想象力是人在已有形象的基础上，在头脑中创造出新形象的能力。想象是创造之母，想象能力贯穿创新活动的全过程，是创新能力的最高表现。在大学生的想象发展中，创新性想象已占据优势地位，这一发展特点为大学生创造力的提升提供了重要的心理基础。教育工作者可通过尊重大学生的个性，丰富大学生的生活经验，为大学生提供适合的环境，发展大学生的表象思维，激发他们想象的欲望；通过营造和谐的氛围，鼓励大学生表现自己放开想象，并引导大学生合理地幻想。

（2）创新思维方式方面

创新思维方式方面使大学生改变思维定式、思维惯性，锻炼创新思维，强化创新技能，掌握科学的创新思维方式，如形象思维、联想思维、灵感思维、模糊思维、迂回思维、逆向思维、发散思维、聚焦思维、相似剩余思维等。

（3）创新实践方面

创新实践方面鼓励大学生在实践中大胆进行创新活动，改变过去死读书、重理论的培养方式，重视培养学生的实践能力。教育工作者应通过实践来培养大学生的爱好和创新思维能力，使他们不迷信权威、不唯书，培养他们对专业学习的兴趣，并在专业学习的基础上拓宽知识面，积极参加课外科研活动，增强创新的自觉性和紧迫感，发挥创新潜能，养成创新习惯。

（4）个性品质方面

个性品质方面使大学生具有创新意识，具有一种"初生牛犊不怕虎"的创新精神，一股敢想敢闯敢干的勇气，善于大胆设想，敢于标新立异，能够提出创新性的见解；有良好的精神状态，明确的奋斗目标，不因循守旧、墨守成规；有坚忍不拔的意志和为真理献身的精神，能正确对待创新过程中的苦与乐、顺境与逆境，自觉克服创新过程中的畏惧、自卑等不良心理。

2.具有社会责任感

在培养社会主义事业接班人的规程中，具有强烈的社会责任感是对其最基本的要求。社会责任感是一种道德情感。社会责任主要反映的是个体与社会之间的关系，指的是处于社会生活中的个体，应该承担起的使命、职责。大学生是祖国的未来，是民族的希望，因此在对大学生进行教育的过程中，必须重视社会责任感的培养，具有社会责任感是大学生成为祖国栋梁的前提条件。对于大学生的培养来说，如果大学生只是掌握了一定的专业知识和技能，而没有一定的社会责任感，不能正确处理个人利益与国家利益之间的关系，盲目自私，那么其在进入社会之后就不能很好地为国家和社会服务，甚至还会对社会的发展造成危害。因此，在对大学生进行思想政治教育的过程中，必须对其进行社会责任感的培养，使他们树立正确的世界观、人生观和价值观，懂得个人利益服从国家利益，承担起个人应当承担的责任。这不仅是对大学生人才培养的要求，也是社会和国家进一步发展的需要。

（1）个人、集体和国家利益方面

教育工作者应引导教育大学生，使大学生能正确认识和处理国家、集体和个人的关系，能以国家的前途、民族的命运为重，把个人发展与国家社会发展有机统一起来；树立集体主义观念，把个人兴趣和社会需要结合起来，根据社会的需求调整好自己的心态和行为方向，能依靠集体的力量，发挥整体优势，去取得事业的成功；重视对国家和社会的奉献，把集体利益放在首位，克己奉公，在必要时牺牲个人利益；勤奋学习，敬业奉献；公正诚信，团结友善，关心集体，艰苦奋斗。

（2）社会责任的认知方面

教育工作者应增强大学生的公民意识，使大学生形成正确的权利和义务观念，明确权利和义务的含义和内容，能认识到责任就是一种义务，每个公民在充分享有权利的同时，必须承担基本的社会责任，每个公民都要对自身的所作所为承担行为责任；增强大学生的国家意识，使之树立国家利益观，自觉主动维护国家利益；增强大学生的民主意识，使之能正确认识和理解民主与法治的关系，自觉知法、守法、用法，自觉维护他人的合法权利，允许他人进行独立思考和发表不同意见；增强大学生的参与意识，使之能主动关心和参与集体活动，关心社会和国家大事，参与民主管理和监督，积极履行社会责任。

（3）历史使命方面

高校应对大学生进行教育引导，使大学生深刻领悟作为社会主义合格建设者，除了需要承担普通社会成员对社会应尽的责任之外，还肩负着在中国共产党的领导下走中国特色社会主义道路，实现中华民族的伟大复兴的重要历史使命，这是当代大学生最重要的社会责任，也是时代赋予他们的崇高使命。大学生要勇敢地承担起社会责任，主动为祖国发展贡献自己的力量。

（三）造就社会主义事业的可靠接班人

高校对大学生进行思想政治教育，一个重要的目的就是要培养和造就社会主义事业的可靠接班人，因此在大学教育中要着重对大学生先进分子和骨干力量进行崇高的理想信念的培养，使其具有坚定的政治立场，能够为社会主义事业的发展做出应有的贡献。

1.要有坚定的马克思主义立场

立场指的是，对自身的认识和处理问题的立足点、出发点和归宿点。观点、态度都是由立场决定的。对大学生进行思想政治教育，必须帮助其树立正确的马克思主义立场、观点，正确的马克思主义立场是他们成长为社会主义可靠接班人的灵魂。马克思列宁主义是被实践证明了的科学的世界观和方法论，包含着优秀的前人思想成果，总结了宝贵的历史经验，是在工人阶级基础上创造的科学理论。马克思列宁主义揭示了人类社会的发展规律，是对自然人类社会和思维规律的科学认识，具有高度的理论性和科学性，是社会主义国家发展的指导思想，在社会主义核心价值体系中占据着重要的地位。

2.崇高的理想信念

所谓的理想实际上就是一种信念，其与奋斗目标相联系，并很有可能成为现实，也就是说理想是在现实可能性基础上形成的，人们对美好未来的向往与追求。在社会生活中，理想和信念是人们的精神支柱，无论是在社会发展中，还是在个人发展中都具有重要的作用。人们应当树立起崇高的社会理想，其不仅可以有效帮助人们选择社会角色，促进个人价值的实现，同时也有利于社会目标的实现。大学生是祖国的未来，是民族的希望，他们是社会主义事业建设的主力军，承担着实现中华民族伟大复兴的历史重任，大学生的理想追求关系着国家和民族的前途命运。因而，大学生不能没有理想，引导大学生树立崇高的理想并为之而努力奋斗是大学生思想政治教育目标的重要内涵。

第二章 高校突发事件网络舆情
与思想政治教育

第一节 高校突发事件网络舆情概述

一、高校突发事件网络舆情的内涵与成因

舆情就是社情民意，是社会各阶层民众对社会存在和发展所持有的态度、看法。网络舆情是社会舆情在互联网虚拟空间的映射，是对现实社会舆情的直接反映，是通过网络媒介表达和传播的社会舆情，是社会大众对自己所关注的社会公共问题所持有的态度和观点的总和。高校突发事件网络舆情就是在一定时期内发生在互联网空间中，围绕着高校突发事件，高校师生民主表达自己的情感和态度，并在校内外产生了一定影响。微博、QQ空间、网络论坛是现阶段高校突发事件网络舆情的主要载体。可以说，深入领悟高校突发事件网络舆情的内涵及特点，是预防高校突发事件网络舆情危机，做好高校思想政治教育管理工作的重要前提。

（一）舆情、网络舆情与高校突发事件网络舆情的界说

网络作为新媒体技术中最为人们广泛使用的媒介，已经成为高校学生获取和传播信息的重要途径。随着高校突发事件网络舆情的不断形成和发展，其对高校安全稳定和学生成长成才的影响也愈来愈深刻，加强对高校突发事件网络舆情现状的掌握和调控，无疑具有重要的现实意义。

《现代汉语词典》中的"舆情"解释为"公众的意见和态度"。现最被学界认同的对"舆情"的定义是"舆情是由个人以及各种社会群体构成的公众，在一定的历史阶段和社会空间内，对自己关心或与自身利益紧密相关的各种公共事务所持有的多种态度和意见的总和"。

网络舆情是广大网民将自己对核心事件的态度、观点、意见等，通过互联网呈现出来，并相互传播、扩散和影响。传统舆情的获取只能通过民意调查、走访等传统形式进行，但结果很容易出现偏颇且耗资巨大，而网络的出现和发展，使人们表达情绪的时间、空间和形式发生了巨大的变化，网络舆情的获取较传统手段具有时效性强和准确度高等特点，但网络本身的特征使得舆情信息带有网民的主观性。

从现有的文献来看，学术界对"高校突发事件网络舆情"的定义众说纷纭，还未形成统一的认识，其分歧主要集中在高校突发事件网络舆情的主体和载体两个方面。有学者认为高校突发事件网络舆情指的是"在校园网络上传播的具有一定规模的师生对某一'焦点''热点'问题所表现出的有一定影响力、一定倾向性的共同意见或言论"，这种观点认为舆情的主体是师生，而舆情的载体是校园网络。也有学者提出高校突发事件网络舆情的载体是包括校园网络在内的整个互联网，如"高校师生在互联网上传播的多数公众对现实社会各种现象的、并能对其进程产生影响的、公开的、一致的、具有权威性和倾向性的意见"。目前对"高校突发事件网络舆情"的定义，最被学界广泛认可的是王健提出的"特指与高校有关工作相联系的网络评论或观点"。王来华在《舆情研究概论》中指出，舆情是在一定社会空间内，围绕中介性社会事项的发生、发展和变化，作为主体的民众对客体的国家管理者产生和持有的社会政治态度。目前，随着网络的快速发展和广泛应用，网络舆情不单单体现在社会大众对网络的使用上还体现在高校舆情事件的发生发展中。高校突发事件网络舆情是网络舆情的一种，是高校师生对国内外事件、社会热点、校园事件等各种现象所持有的具有一定倾向性、目的性和影响力的态度、情绪、意见的总和。

综合上述学术界对"高校突发事件网络舆情"的界定，我们可以认为"高校突发事件网络舆情"指的是以高校师生为行为主体，对某一或某些"焦点""热点"事件，通过网络进行传播互动所产生的一致的、公开的、有一定影响力的态度和观点的总和，即高校突发事件网络舆情的六大要素分别为行为主体、核心事件、共同观点、网络载体、传播互动、产生影响。

（二）高校突发事件网络舆情的成因

当代大学生作为互联网文化的重要主体，在网络世界中就某一特定的事项各抒己见、百家争鸣，各种思想见解逐渐汇聚成网络舆情并主导着事项的发展方向。如何建构高校突发事件网络舆情的管理机制，使思想政治工作更具前瞻性、针对性和实效性已成为当下高校思想政治教育工作者全新的研究课题。

高校突发事件网络舆情目前的传播渠道和传播方式呈现出多元化的态势，主要形成于校园新闻网、贴吧、学生网站、网络论坛、网络聊天室、个人博客、网上访谈、网上调查、网上签名等。高校突发事件网络舆情的成因主要涵盖以下三个方面。

①国内和国际媒体热点话题的触发。各种具有重要影响力的国际问题都是触发高校突发事件网络舆情的导火索。

②校园内外突发偶发事件的激化。部分大学生由于猎奇心理的驱使，而在网络上过度关注和阐释此类事件。然而，此类事件具有较强的震撼性和不可知性，他们的言论很可能形成共振效应并在网络上迅速传播。

③与学生息息相关的事项的网上诉求。如评奖评优、违纪处分、学术不端、团学干部招聘、入党争先等关涉自身成长成才的，以及餐饮住宿、水电供应、教学设施配置等均是学生关注的话题。

可以说，从高校突发事件网络舆情本身的内容指向看，高校突发事件网络舆情主要包括以下三类：首先是与高校自身有关的舆情，主要是涉及高校形象、校园突发公共事件及校园治安环境等的言论信息；其次是与师生利益密切相关的舆情，主要是涉及权益保障等现实需求解决的信息，如个别高校的学生因抗议菜价贵而发起的罢餐言论、对宿管后勤服务态度不满的帖子等；最后是与师生感兴趣的社会热点有关的舆情，主要是一些与社会常态价值期望相悖的言论及国内外社会焦点信息。

二、高校突发事件网络舆情面临的现实困境

（一）高校突发事件网络舆情导向方式存在欠缺

网络传播的自由，使得一些原本真实的信息发生扭曲，在传播扩散的过程中产生不良的影响。高校管理者仅仅依靠封闭学校和进行口头教育，是不能有效阻止部分学生在网络上发表自己的一些过激观点的，反而会使学生产生厌恶情绪，可能会直接引发校园危机事件。这都是源于高校突发事件网络舆情导向方式存在欠缺。

（二）高校突发事件网络舆情监管预警机制存在欠缺

高校突发事件网络舆情在发生前、发生时、发生后这三个不同时间段，

是需要合适、合理地监管、控制的，预警模式应提前制定，做到防微杜渐、未雨绸缪。高校要想避免更多突发、偶发网络舆情事件发生，就需要建立有效的监管预警机制。

（三）高校突发事件网络舆情道德和法制教育存在欠缺

高校突发事件网络舆情的发生，不仅仅是高校导向方式和监管预警机制存在欠缺所致，还由于高校在道德和法制教育方面存在欠缺。现代网络传播速度快，操作简单，使得学生在发布信息和传播舆论方面"得心应手"，有些学生会利用网络的这些优势来发布不实信息，造成其他人对一些事件的误解，可能会对他人产生影响，进而发生一系列的校园危机事件。

三、高校突发事件网络舆情的结构特质

随着我国信息化的快速发展，网络已成为信息传递与扩散的高速通道，网络媒体已经被公认为继报纸、广播、电视之后的"第四大媒体"。网络的触角已经深入高校的每一个角落，成了高校师生获取信息和交流思想的重要渠道，昔日的象牙塔已经与世界联系得更加紧密。高校学生正处在对新鲜事物最热衷的阶段，是有创意、有抱负、有理想的一群人。他们关心社会，对新事物、新现象十分敏感，喜欢发表意见，并希望通过发表意见来表达自己的学识、自己的想法。同时他们也是最容易被动摇的一个群体，互联网上一些有建设性的、积极的看法会对他们产生正面的影响，而一些含有虚假、不良或非法内容的舆情信息肆意传播，对他们产生的负面影响也是不容忽视的。高校突发事件网络舆情的结构特质主要体现在行为主体的特殊性、传播载体的互动性、核心事件的复杂性、舆情形成的迅捷性和舆论扩散的难控性等五个方面。

（一）行为主体的特殊性

高校突发事件网络舆情的行为主体主要是在校师生，以往的教学方式多为"教师讲，学生听"的模式，而由于网络的虚拟性，网络舆情的行为主体没有教师和学生的差别，任何人都可以通过网络来表达自己对核心事件的态度和看法，教师和学生都可以成为舆情信息的接收者和传播者。高校学生极易受学校、家庭、社会等因素的影响，还没有形成稳定的价值观、人生观和世界观，往往在接收和传递信息的过程中带有浓郁的主观色彩，使得相互传播的舆情信息有所偏差，大学生本身的特殊性导致舆情行为主体思想极易变动，网络舆情的主体性往往缺失。由于社会经验的缺乏、阅历和水平的局限性，多数大学生

在网络上并不习惯针对某一议题发表自己的看法，更多地倾向于浏览和附和，碰到自己感兴趣、与自己看法相似的或者是能引起自己共鸣的信息内容，往往会直觉地认可并反复转发。部分大学生因网络的匿名性及开放性等特点，会表现出很强的自主性和随意性，想炫就"晒"、想说就"播"，很少考虑后果。

（二）传播载体的互动性

传统媒介以"人对人""人对群体"的传播方式为主，通常为单一式地传播，但网络的出现，使得原来的传播方式发生了根本的变化。行为主体可以有选择性地在网络空间内选取自己感兴趣的信息进行浏览，甚至可以和自己素不相识的人进行观念和意见的沟通，使得原本单一化的传播变得具有互动性，不再是单一的"我讲你听"，而是相互交流。并且在双方或多方交流的过程中，很难对议题进行控制和掌握，这种网络载体的互动性无疑提高了高校思想政治教育的难度。与传统的灌输式交流相比，学生更愿意选择这种开放地、自由地交流的方式，高校学生通过互联网就可与学校内、学校外的网民进行交流，传播载体的互动性成为高校突发事件网络舆情的主要特征之一。

（三）核心事件的复杂性

网络的兴起与发展在某种程度上改变了传统媒体的话语主导权。在传统的传播模式中，话语权主要由媒体方掌握，而媒体的单一使得对事件的报道往往是"一家之词"，公众没有参与的机会，网络以其传播速度快、传播范围广、虚拟性强等特点获得了人们的广泛应用，尤其是在一些热点、焦点事件的报道上，可以说是"百家产鸣"，不同时间、不同空间、不同身份、不同职业的人都可以自由地对任一事件发表言论，这些言论掺杂着多元化的观点，导致核心事件的真实性大打折扣，增加了事件的复杂性。网络舆论空间的开放性，使得过去在传统媒体上无法实现的个人表达自由得以实现，在网络上人们可以畅所欲言、嬉笑怒骂，摆脱了传统道德的束缚，人们的感性多于理性，情绪化现象明显。在高校突发事件网络舆情形成的过程中，我们经常可以看到一些过于偏激、带有个人情绪和个人色彩的观点，甚至出现一些无理的争吵谩骂。

网络舆情具有聚合性特征。互联网的气氛促使观点相近的人群互相认同并频繁沟通，这样更容易出现传媒学者提出的"群体极化"现象。对于大学生来说，近似的年龄、类似的经历及生活习惯、交往的持续性和频繁性，使得他们具有高度的同质性。高效突发事件网络舆情发生时，由于传播阻力小、传播速度快、极易获得群体的一致认同，因此生活中的一些小事件可以在短时间内发展成校园关注的热点事件，甚至引起社会各界广泛关注。

（四）舆情形成的迅捷性

信息量大、信息传播速度快是网络传播的主要特征之一，理论上，如果带宽能无限大，那么信息的传播速度便可以无限快，这为高校突发事件网络舆情的形成和发展带来了便捷。尤其是现在网络的普及和网络技术应用范围的扩大，大学生可以通过电脑、电话、无线电设备等多种形式，随时随地上网浏览信息，这样一旦一些热点、焦点问题在网络上引起关注，大学生只要轻轻动一动手指，通过转发、分享等传播方式，其瞬间便会成为街知巷闻、家喻户晓的事情。传播手段的多样化和接入速度的提升，增强了网络舆情形成的迅捷性。

（五）舆论扩散的难控性

网络是一个开放式的系统，其中包含着海量的信息。通过网络不同地区或不同国家的信息可以在不同时间、不同地区扩散。网络舆情生存的空间也是虚拟的，无法实行统一的管理。在高校中，师生选择网络信息都是自由的，师生也有权利发表自己的意见和建议，每个行为主体都扮演着信息接收者和传播者的双重角色，而网络舆情的信息更是多种多样，并随着时间发生变化，每一分、每一秒都可能发生改变，因此，舆论在扩散过程中无法给予根本性的调控，网络舆情的监测和控制成为高校甚至各国政府都甚感棘手的问题。网络和传统的媒体相比，因其开放性、便捷性和虚拟性等特点，使得传播难以控制。对大学生来说，活跃的思维、冲动的情绪、易为人左右的主观性以及特立独行的表现，进一步提高了网络舆情的难控性。

四、高校突发事件网络舆情的构成要素

（一）网民

网民是网络舆情最重要的构成要素，没有网民就不能实现信息的传播，信息在互联网上传播的主体就是网民，没有网民的关注，信息就不会聚集，也就不会形成网络舆情。从总体上把握我国网民的状况，了解网民的基本特征，也就可以抽象地了解"公共总体"，网络管理人员在工作时就能更好理解网民的情绪，了解他们的心理。

（二）公共事务

社会存在的基础是社会矛盾，社会矛盾的运动促进社会存在的产生和发展。公共事务从本质上说，是抽象的社会矛盾映射在人们的实际生活中的体现，社会生活中的抽象和具体的社会矛盾都是在公共事务的基础上变化发展而来的。随着科学技术的进步，人们的物质生活空间逐渐扩大，随着互联网的迅猛发展，人们的精神空间也极大地拓宽。互联网在促进"地球村"形成的同时，极大地加强了世界各地人们之间的交往和联系，人们之间的矛盾也逐渐复杂化。随着矛盾的激化、调整和转化，公共事务作为刺激要素，导致了舆情的产生。舆情产生之后，网民在网络上对公共事务进行宣传。

（三）网络舆情的时空因素

只有在一定的时间和空间范围内，网络舆情的产生和变动才能进行。很多日常生活中的话题不一定能够引起受众注意。舆情被激发可能是由于某一与公众利益相关的公共事务的出现。舆情生成之后会持续一段时间，而且会在外界环境条件的影响下变化和发展。我们可以看到，涉及公民切身利益或者能够引起公众强烈兴趣的事件，在互联网上形成的舆情，往往会持续很长一段时间。如果某一事件，得不到网民的关注，或者危机很快解除，矛盾得以缓解，那么网络舆情就不会形成或者不会持续。互联网空间的拓展以及现实社会的进步发展都会影响网络舆情的形成变化。舆情的形成需要人与人之间的交往以及信息的交换，网络舆情失去了社会空间，就失去了构成舆情的意见、态度和情绪，也就无法形成。从广义来讲民众对国家管理者的社会政治态度就是舆情，民众交流意见、看法时在网络上形成的互动空间是多元多角度的。网络舆情的空间性表现为网络舆情在时间上的延伸和在空间上的拓展。网络舆情的发生、发展和变化都需要一定的场所，于是便出现了"网络舆情空间"，在这里，以互联网为载体，网民可以表达情绪和发表言论。在互联网上并不是真的可以无所顾忌、为所欲为，舆情也会受到政治、经济等方面的影响，另外，每个地区的传统文化以及传统道德的力量也不可忽视，这些约束力都可以在网上表现出来。但是，在互联网开放性、兼容性的作用下，伦理道德的约束作用很有可能被削弱。

（四）网民的反应

网络舆情的产生是一个较为复杂的过程，这种复杂性主要表现在网民接受刺激和表达反应上。行为科学认为，人的行为是外部环境因素和内在自身生理、心理因素共同作用的结果，当今逐渐形成发展起来的网络新环境得益于科技的进步和互联网的迅猛发展，随着社会的日益开放网民的种种特点也明显改变，这种改变主要体现在网民的行为方式上和对某热点的反应上。

（五）网络舆情的强度

语言、行为等方式使舆情的强度在现实生活中能得以体现。网络语言中的语气、含义、措辞等表达方式是网络舆情的强度在互联网的虚拟空间中传达的方式。若是更为强大的舆情强度，则其会通过某种违法网络行为方式来传达，如"网络侵犯行为"。一般情况下，有很多方法可以让我们了解网络舆情的强度，这些方法包括调查法、访谈法以及观察法。若对舆情信息进行更为深入的分析，则需要运用内容分析法来分析舆情的分布、强度和倾向性。

（六）网络舆情的质和量

人们能够在网络上真实地表达自己的意见和态度，其中最关键的条件就是互联网具有自由性、交互性、匿名性等传播特性。在互联网的冲击下，很多传统的道德、风俗、伦理等，都因为在"把关人"确定的条件下，被互联网的特性弱化了。没有了制度的保证，人们在互联网上的发言就会越来越无所顾忌，网络上就会出现很多虚假的信息和蛊惑人们的言论。相关调查研究显示，网络利用率最高的一般是学历相对较高的青年大学生，而这些人里面男性又占绝大多数，所以，网络舆情在一定程度上并不能代表绝大多数人的意见和想法，具有一定的局限性，不具有广泛的代表性。

传播媒介是高校舆情调控的重要影响因素，高校只有采用相关技术依托传播媒介对舆情信息进行监测，才能更好地控制突发事件网络舆情的发展，尽量避免群体性事件发生。

五、高校突发事件网络舆情的特点

高校突发事件网络舆情指的是高校师生在互联网上对现实社会中的各种现象、问题所表现出的有一定影响力和倾向性的特定价值观、态度、意见和情绪的总和。高校突发事件网络舆情的主体是思维敏捷活跃的高校师生，他们通过网络密切关注校内外的热点事件，往往围绕这些热点事件在网络上开展讨论活动。舆论发布主体的特殊性使得高校突发事件网络舆情既有着普通网络舆情的广泛性、匿名性、突发性、分散性等基本特征，又有着高校学生群体的特殊性。可以说，高校人口聚集度高、人员交往频繁、群体知识水平高、对事件的敏感度也比较高，这些特点使得高校突发事件网络舆情除了具有一般网络舆情的自由性、隐蔽性、突发性等特征外，还具有一些鲜明的独特个性。

（一）高校突发事件网络舆情演绎的独特个性

1.特殊性和突发性

高校突发事件网络舆情参与主体主要是在校广大师生，且尤以大学生群体为主。高校大学生自身的年龄层次、受教育程度、生理心理特点及社会阅历等，使他们有着极强的好奇心，表现出较强的社会责任感；他们有独特的思维方式，观点新颖犀利，有时甚至比较极端；他们的反叛意识较强，有表达情感的意愿，对感兴趣的话题畅所欲言，言无不尽；在他们看来，利用网络媒体发表意见、见解是实现自我价值的有效途径之一。在传统习俗社会中，由于受到种种社会规范的约束，人们在观点表达上往往顾虑重重。而穿梭于网络空间言论中时，舆情参与主体以匿名或代码形式出现，这样言论就摆脱了现实社会的诸多限制，那些现实中隐藏在心中的观念、想法就能更好地得到表达，网络言论在一定程度上反映了舆情表达主体的真正心声。

大学生的心理、思维模式等与社会上其他阶层的网民有着鲜明的差异性：一方面，他们着力彰显自我、勇于表达、富于质疑、激情四射、活力无限；另一方面，他们的世界观、人生观和价值观在逐步成型之中，与社会接触日益频繁，但仍缺乏各种处世经验，情绪涨落幅度大，自控能力不强。网络舆情的自由开放性与舆情主体的特殊性相结合，一旦被别有用心之人利用，将对高校学生造成恶劣且不可控的影响。

2.复杂性和难控性

在多数情况下，高校大学生有着正确的是非观，在民族大义、大是大非问题上都能坚持正确的立场和方向。但网络虚拟空间的扩展，使部分大学生在匿名的网络社区中，容易摒弃对深思熟虑、有理有据意见的探寻，片面地追求"本我"在"自由空间"的情绪宣泄。此外，大学生较为单纯的校园生活、较为单一的信息来源以及较少的社会经验，使得高校负面网络舆情的出现频率增加，一些过于偏激、带有个人情绪和个人色彩的观点，甚至一些混淆视听、滋生事端的言论时有出现。如果这些弱点被别有用心的人利用，则很容易造成学生群体性的盲从与冲动。

在网络群体中，网民会表现出群体极化的特征，坚持我行我素和特立独行，在网络上匿名发送邮件与参加网络论坛讨论都相当容易，网络媒体的开放性使每一个人在理论上都成为"新闻发布者"。由于网络的虚拟性特点，人们不用暴露自己的真实姓名、性别和真实的身份，仅仅采用网名的形式就能够在网络上"呼风唤雨"，很多在现实生活中不可能实现的愿望，都可以通过互联网来实现。网络还可以隐匿真实的地址，网民不用担心自己的"行径"被追踪，便会在论坛、贴吧里发泄自己的情绪，甚至与其他网民相互辱骂。这些使得网络舆情的控制变得复杂和难以操作。

3.连锁性和多元性

大学生网络舆情的传播途径随着网络技术的升级换代而日趋丰富多彩，目前高校大学生发表观点和言论的平台主要有微博、微信、QQ空间、各类网站的公共论坛、校园网络论坛等。随着手机智能化的发展，手机上网也受到了普遍青睐，特别是微博与手机的结合，使得大学生可以即时更新信息，随时随地分享身边的事件。互联网信息传播的快捷性使得任何信息一旦在网络上出现，就可以通过网络超链接全方位扩散开来，一些校园突发事件或是能引起学生关注的热点，通过实时现场直播，往往会使舆情产生令人难以预料的连锁效应。

网络舆情的多元性指的是网络舆情的意识形态呈多元化，各种价值观念均有体现。各个国家都有各自的政治制度和意识形态。现在"信息高速公路"可以把任何信息转化为二进制的数字语言，各种意识形态、政治制度、文化思想相互渗透。在一些国家和地区，道德上允许的东西，有可能在另外的国家和地区是道德上谴责和反对的东西。互联网的跨地域、跨国界的性质造成了网络舆情的冲突性。在当今社会这种网络充斥的境况中，大学校园里以班级为单位的集体观念越来越淡化，集体的概念越来越模糊。大学生在校阶段需要自己安排自己的生活与学习，现在大学生大都想与众不同，再加上网络虚拟社区的大量存在，使得大学生群体的个性化特点日益明显。

4.平等性和自由性

网络舆情由于网络主体传播信息的开放性、互动性和传播者的多元化，打破了传统媒体的舆论垄断，使公众可以充分表达自己的真实想法。互联网的隐匿性特点，使广大网民不用公布自己的真实姓名也可发表自己的见解和言论，这样很多在现实生活中不好意思表达的思想，都可以在网络中平等地表达，从而提高了网络舆情的自由性。自由性指的是网络舆论在传播过程中是自由的。网络因其赋予了用户极大的主动权而被认为是最为自由的媒体。这些特征使得网络舆情具有一定的平等性和自由性。网民个体之间可以在网络上传递信息、沟通感情、谈论自己对某一事件的看法，人们能够自由地寻找自己需要的信息，发表言论的空间的自由性也提高了。

5.速成性和快捷性

网络舆情与传统媒体的舆情相比，不仅传播的信息量更大，而且在形成发展过程中速度更加快，互联网具有交互性，能够实现信息传输的互动，还能够分辨出不同层次、不同类型的信息，因此，互联网能够快捷地汇集大家对某一事件发表的意见，使其迅速形成网络舆情。网络舆情的快捷性指的是承载网络舆论的信息可以实现快速传播。在网上，某一"有价值"的新闻事件被披露后，将会引起网民迅速反应，而事件本身和所有网民对此事件的反应又都可以信息的形式在网上迅速传播，进而形成一种网络舆情。

6.广泛性和丰富性

某个热点话题或者突发事件在大学生微博或者校园网络论坛上出现时，很快就会聚集大批的关注者。他们不仅浏览帖子、跟帖参与讨论，还会把获取的消息转载、传播给身边的同学、亲人和朋友，引来更多的人关注。而且，这些热点话题不仅会成为大学生在网上关注和讨论的主要话题，还会成为他们在课间休息、宿舍卧谈、同学聚会等多种场合中谈论的共同话题，在校园中产生持续、广泛而深刻的影响。全时化和全球化是当今网络信息在传播中不受时间、空间限制的真实表现，这充分说明了网络舆情传播的广泛性。

随着网络技术的迅猛发展，网络舆情的传播受时间以及空间上的束缚越来越小，我们可以看到网络舆情的传播在时间以及空间的广泛性上日益提高。由于互联网上充斥着各种世界观、价值观，各种各样的意识形态，以及丰富多彩的信息内容，所以任何网民都可以在互联网上自由发挥。由于缺乏相应的管理机制和控制措施，因此一些消极无用、粗糙过时的信息与积极向上、健康有益的信息同时充斥互联网，以至网络舆情内容五花八门、异常丰富。某权威媒体的一份调查显示，大学生面对同一突发事件时，在网络平台产生群体化倾向的概率是现实生活的两倍多。法国心理学家古斯塔夫·勒庞认为："在某些特定的条件下，并且只有在这些条件下，一群人会表现出一些新的特点，它不同于组成这一群体的个人所共有的特点。聚集成群的人，他们的感情和思想全都转到同一个方向上，他们自觉的个性消失了，形成了一种集体心理。"与传统媒体的单向传播相比，网络最突出的特点就是能够双向交互式地传播信息。大学生在论坛里发帖、跟帖、回帖，纷至沓来的个体意见在最短的时间内凝聚成公共意见，网上与网下相互影响、相互作用，往往形成强大的意见声势。

（二）高校当前突发事件网络舆情的新特质

近年来，随着新媒体的快速发展，高校突发事件网络舆情呈现出新的特点。

1.舆论领袖平民化

高校网络舆论话题内容丰富、包罗万象，但更多的还是学生与高校服务管理的矛盾，如宿舍管理不到位、食堂饭菜不卫生、高校收费不合理等，学生参与讨论的目的也不同，有的为了求助解答，有的为了交流意见，有的为了发泄个人情绪。高校网络舆论领袖随着某个话题的产生而产生，随着话题的结束而消失。高校网络舆论领袖平民化导致高校网络舆论研判难度加大。

2.舆情极速社会化

在现代社会中，随着大众传播的日益发展，它在人们社会化方面的影响显得越加重要，这种影响表现出形式上的多样性、内容上的丰富性和受众的广泛性，对人们的价值观念具有导向作用，对人们的行为活动具有暗示作用。随着5G时代的到来，大学生通过手机互联网随时随地发表自己对某些事情的看法，这容易迅速出现蝴蝶效应，形成舆情危机。

3.舆情形式多样化

在信息瞬间万变的今天，以最短的时间获取最多的信息成为时代需求，微电影、微博、微信、微小说等微文化产物顺势而出，它们的特点是短时聚焦，表现力强，形式自由，互动性、开放性、娱乐性强，因此成为大学生的时尚新宠。在浩瀚的信息洪流中，大学生无时无刻不在获取信息碎片，对于世界观、人生观和价值观还未完全定型的大学生而言，他们难以甄别信息中的真假善恶。

（三）高校突发事件网络舆情对大学生的现实映射

网络是一把"双刃剑"，网络舆情对大学生的影响既有正面影响，也有负面影响。高校突发事件网络舆情既是学生情绪的减压阀，又是提高学生群体凝聚力的集合地。

1.情绪减压阀

高校网络舆论空间零门槛使得任何人都可以进入网络畅所欲言，网络舆论空间已经成为师生表达意见、解决矛盾、化解不良情绪的平台。一方面，高校网络舆论空间具有自由性、匿名性等特点，在网络世界里人人平等，大学生在网络上可以自由穿梭，扮演多种角色，找到另一个真实的自己，还可结交新朋友。另一方面，高校网络舆论空间是大学生对校方管理不满的情绪发泄地，高校突发事件网络舆情围绕大学生关心的事情提供真实的信息，师生进行有效沟通和情感交流，能够消除他们之间的误解，有利于维护校园秩序。

2.群体凝聚力

高校突发事件网络舆情的主体包括舆论领袖及支持者等，大学生群体内存在一种群体凝聚力，群体凝聚力的发展一般包括三个层次。第一个是确定兴奋点。在事件发生后，舆论领袖或与事件相关的当事人很快在网上发布事件经过并表达自己的看法，其看法成为他人讨论的兴奋点。第二个是形成内在的规范。在网络舆论空间讨论的过程中，出现了螺旋现象，占支配地位的或日益得到支持的群体内形成一种内在的规范或约束力，群体内的每个成员都把个人目标和群体目标结合，并与群体其他成员建立更深的"战友"关系。第三个是形成高度的执行力。群体成员对群体有强烈的认同感与归属感，形成自觉完成群体目标的高度执行力。积极的群体凝聚力能够促进大学生群体团结一致，形成良好的学风、班风；而消极的群体凝聚力则会导致人心涣散，学生精神面貌懒散。因此，在高校突发事件网络舆情的管理中，有必要对群体凝聚力施以恰当的引导。

六、高校突发事件网络舆情的效能

高校突发事件网络舆情的调控是高校思想政治教育工作的重要组成部分，是高校学生工作者开展思想政治教育的网络延伸，在保障学生成长成才和维护校园和谐稳定等方面具有重要意义。

（一）舆情内容的放大效能

1.焦点聚集

高校师生通过互联网对某一或某些热点事件进行曝光，使得该事件在网络公众面前显现出来，在极短的时间内聚集大量网民关注，形成"焦点"事件。焦点聚集使舆情主体从分散的认知迅速地形成集中的凝视，将社会公众的关注焦点在最短时间内聚焦到某一或某些热点事件上。但网络的虚拟性导致网民所传播信息的真实性无从考证，而网络传播速度之快将会使焦点事件在短时间内被各个群体关注，这也往往是群体性突发事件发生的诱因。

2.舆论扩散

由于网络有传播速度快、传播范围广等特点，因此舆情信息会在很短的时间内在网络空间上扩散，并在扩散的过程中通过"点传点""点传面""面传面"的传播形式，增加受众和传播者。这样扩散的范围更广，进而争议性主题增多、舆论增强，人们对核心事件的舆论关注度上升，出现事件的放大效应。

3.重点偏移

由于学生认知理解的偏差，因此在网络舆情的传播和高涨阶段，事件的真相和细节就会出现差异。而这也会导致行为主体对事件的关注重点随之偏移，从一个焦点转移到另一个焦点，或从一个焦点扩散成更多焦点，使得大学生关注的焦点偏移或越传播关注的焦点越多。

（二）社会公众的感染效能

1.观点渗透

高校学生成为社会舆情的主流是由其社会地位造成的，可以说大学生是祖国的希望，更是社会关注的焦点。大学生的一言一行对社会公众具有很大的影响。大学生对于某一事件的观点，一方面受到广大受众的关注，另一方面还会影响公众对事件的看法，这就是所谓的"观点渗透"。

2.情绪感染

学生对热点、焦点事件的观点和意见，极易通过网络扩散，甚至导致游行、集会等突发事件发生，而大学生本身处于青春期，有时难以控制自己的情绪，随之会感染社会公众中的个体或群体。这往往会使得原本松散的社会公众基于情绪感染而形成具有共同心理的群体组织。

3.群体认知

网络舆情可以说是无处不在的，但有零散式的网络舆情和群体性的网络舆情两种形式，前者通常是常态化地存在，是个别人或小部分人对某一件事的想法和态度，往往不会产生太大的影响。而后者通常是以群体性的形式出现的，是多数人对热点、焦点事件的态度和观点，极易引发群体性突发事件，往往这种群体性突发事件的主体便是高校学生，因为他们有表达自己意愿的热情和决心，也是社会公众最信赖和支持的群体。

七、高校突发事件网络舆情的功能体征

（一）渗透融合功能

渗透式教育是把思想政治教育意图融于特定的载体，通过熏陶和感染，来实现教育目的，是一种隐性的教育方法。高校突发事件网络舆情的渗透融合

功能指的是将传统的理论说教或理论灌输转变为引导教育，在对高校突发事件网络舆情的引导中潜移默化地传输思想政治教育的内容，将思想政治教育的内容内在地融于高校突发事件网络舆情引导之中。高校突发事件网络舆情的内容广泛，涉及的往往是大学生关注或与大学生自身利益相关的事件，高校突发事件网络舆情的热点话题也是大学生最感兴趣的话题，同时也是思想政治教育工作者借以开展思想政治教育的重要载体。由于网络空间的隐匿性，大学生乐于在网络空间或校园论坛内发表自己的看法和主张，教育者可充分利用网络聊天或论坛发帖、跟帖等网络交流形式，与大学生进行平等、交互式交流，在与学生的互动中了解大学生的思想倾向，将理性的观点通过因势利导的方式渗透到大学生的思想之中，及时地解决大学生的实际问题，将理论渗透于解决大学生的实际问题之中，从而实现对大学生进行有效思想政治教育的目的。

（二）反馈调适功能

传统的思想政治教育模式是发布—传输—接受，教育者发布并传输教育信息，教育方式大多采取强制灌输的硬性灌输模式，教育者对受教育者的信息内化程度很难做出评判，且教育信息大都是从教育者向受教育者单向流动，教育者接收到的信息反馈很少。而高校突发事件网络舆情改变了传统的大学生思想政治教育模式，使发布—传输—接受的过程变成互动、可逆、双向的。高校突发事件网络舆情使大学生有了自由发表意见和观点的空间，借助网络空间，大学生自由表达看法，并与其他大学生或大学生群体进行互动交流。不同的大学生由于性格、兴趣、价值取向的不同，所关注的信息也就不同，因此对接收到的信息有不同的反应，相应地会做出不同的信息反馈。思想政治教育者可根据反馈的信息更好地了解大学生的思想动态和兴趣关注点以及精神需求，从而有针对性地开展思想政治教育，使大学生思想政治教育工作更具实效性。高校突发事件网络舆情的反馈功能为思想政治教育工作者更好地了解大学生的思想状况、掌控大学生的思想倾向提供了可能，大大拓展了大学生思想政治教育的有效途径。高校突发事件网络舆情的反馈功能对教育者制定教育方针政策、改进教育方法也有良好的促进作用。

（三）传导教育功能

高校突发事件网络舆情作为开展大学生思想政治教育工作的有效载体，既承载着思想政治教育的信息资源，又能向大学生传导这些教育信息，从而引导大学生正确地接收教育信息，树立正确的价值观。高校突发事件网络舆情是各种观念、态度、意见交错的总和，其中必然蕴含着各种价值观念和价值取向，正确的价值观对人们的影响最为深刻，因此借助高校突发事件网络舆情，教育者就可将符合社会要求和社会主旋律的各种思想观念、价值观点以及道德规范等加以强化并贯穿于对舆情的引导和管理之中。高校突发事件网络舆情涉及事务较多，影响范围较大，因而能承载更多的思想政治教育信息，教育者可借助网络传播的超时空性和传播速度的迅捷性将符合社会主流文化的价值观传导出去，引导大学生培养理性思维，树立正确的价值观，使高校突发事件网络舆情真正成为开展大学生思想政治教育工作的有效途径。高校突发事件网络舆情使思想政治教育信息的传递更加快捷方便，信息既可以单向传递，也可以双向传递，师生之间既可以同步交流，也可以非同步交流，这无形中使高校突发事件网络舆情的教育信息得到最大限度的传导，也使高校突发事件网络舆情的传导教育功能得到了最大限度的发挥。

（四）动力激发功能

动力激发功能指的是高校突发事件网络舆情在满足大学生群体获取知识与信息、交流观点和看法、拓展人际关系等需求的同时为大学生提供情感宣泄渠道，这一定程度上激发了大学生关注社会发展、参与社会生活的热情，对大学生现代观念和时代意识的培育具有很好的促进作用。人的本质不是单个人所固有的抽象物，在其现实性上，它是一切社会关系的总和。

人总是处于一定的社会关系之中，大学生也不例外，但大学生所扮演的社会角色具有一定的特殊性，大学生正处于由校园人向社会人转化的阶段，思想政治教育的过程实质上是帮助大学生完成社会化，教育大学生树立正确的社会价值观念的过程。随着时代的发展和社会的进步，大学生的自主意识进一步增强，他们对社会事务或国家大政方针也更加关注，高校突发事件网络舆情所涉及的社会事务越来越多，舆情讨论话题对大学生的吸引力也越来越强，在高校突发事件网络舆情的引导中渗透思想政治教育的内容，将理论与社会发展实际相结合，能激发大学生关注社会、参与社会发展的更大热忱，使大学生自觉地树立责任意识和现代意识。

（五）预测与决策辅助功能

高校突发事件网络舆情的预测与决策辅助功能指的是思想政治教育者以及高校教育主管部门通过关注网络舆情的形成与发展状况，可迅速、准确地把握大学生思想发展动态，并对舆情的发展态势做出科学的预测，及时制定相应的决策，防止危机事件的发生。高校突发事件网络舆情本质上是大学生内心思想观念的反映，最直接最快速地反映了大学生的舆情关注热点与发展态势。高校突发事件网络舆情为教育者提供了更加准确、更加有效的信息，使教育者能及时根据大学生的思想实际制定出更加科学与人性化的决策，从而更好地引导舆情走向，有针对性地解决大学生关注的热点问题，牢牢把握舆论引导的主动权，避免不良事件的发生。高校突发事件网络舆情的预测与决策辅助功能为大学生思想政治教育工作的有效开展提供了可供参考的依据，对于教育决策的制定有着重要的意义。

八、高校管理部门的压力

（一）管理压力

网络的迅猛发展使得高交学生管理部门在原有工作的基础上，又增添了网络思想政治教育的阵地。而网络是一个虚拟的世界，学生可以不记姓名地在网络空间中进行交流和信息传播。这样极易产生群体性的事件，从现实的角度来看学校又很难对学生的网络空间进行管理，这无疑加大了学校管理部门的压力。

（二）监控压力

对网络信息的监控本身就是一项困难的工作，尤其是在高校，对学生网络舆情工作的研究才刚刚开始，远不及网络的发展速度。网络的虚拟性、空间大、信息量大等特点，都成为网络舆情形成的便利条件，这使学校管理部门工作的难度加大了。如何监测信息、处理信息，把握学生的思想动态，无疑是高校突发事件网络舆情调控工作的压力所在。

（三）调控压力

网络舆情通常以渐进式、突发式、常态式三种形式存在，不论哪种形式，都容易促使群体性突发事件爆发。因此，对高校突发事件网络舆情进行调控是高校思想政治教育工作面临的新问题和难题，建立科学的调控机制是解决问题的关键。

九、高校突发事件网络舆情的管理策略

高校突发事件网络舆情反映了学生的思想动态，同时也反映出高校管理存在着一定问题，高校突发事件网络舆情有利于学生表达心声，能够促进高校民主决策。高校突发事件网络舆情的管理工作，可以从以下几个方面着手。

（一）认清方向，正确引导

走进学生，用先进的思想占领网络阵地。一方面，充分利用各种宣传媒体。从学生需求角度出发，在校园网站、论坛上，增加与学生有关的学习考证、生活常识、就业指导、心理咨询等相关内容。在突发事件发生后，充分利用权威宣传媒体，如电视、报纸、高校网络论坛等及时发布信息，澄清事实，掌握舆论主动权，对公众进行正面引导，控制舆情进一步蔓延。另一方面，主动培养舆论领袖。舆论领袖传播的信息更有力度，更容易被大众接受。高校网络管理者可以在大学生群体和教师群体中挑选一批思想端正、网络技术能力强、热爱参与网络讨论、有文笔功底的人担任高校网络论坛版主，积极建构、参与热点话题，通过置顶、精华帖处理，做好议程设置，把握话语主动权，引导舆论向积极的方向发展。

（二）提高技术，监管到位

高校突发事件网络舆情的技术管理过程就是舆情信息收集、分析和处理的过程，通常采用人工和软硬件控制技术相结合的方式，达到阻断网上包含不良和非法内容的舆情信息传播的目的。舆情信息收集是舆情管理工作开展的第一步，在舆情发生的紧急时刻迅速地在浩瀚的网络世界里寻找关键信息，常用的方法有通过搜索引擎、网络调查、网络内容挖掘工具等收集网络舆情信息。第二步，对收集的网络舆情信息进行分析。网络舆情监控分析系统包括为整个业务提供支撑的网络舆情信息监控分析平台，用于网络舆情信息收集、处理和预警的数据库群以及专业应用软件系统等。这个系统已被部分高校采用，但大部分高校考虑投入成本的问题，极少采用。成本投入少，这是高校突发事件网络舆情监控能力不足的原因之一。随着网络与手机通信媒体的发展，高校突发事件网络舆情监控范围不断扩大，从高校网络论坛、高校主页等官方领域转战到微博、微信、QQ等更为灵活的私人领域。高校突发事件网络舆情监管技术更新的速度远远跟不上多媒体的发展速度，过去传统的高校突发事件网络舆情监管显得势单力薄，这是高校突发事件网络舆情监控能力不足的另一个原因，提高高校突发事件网络舆情监管能力和加强监管力度势在必行。

（三）网上网下，标本兼治

网上处理具有一定的局限性，利用技术可以把一些不良的信息或帖子处理掉，但难以深入了解问题背后学生的真实想法，如何透过现象看问题的本质，真正实现标本兼治的目的，需要做到以下几点。第一，针对共性问题，主动在高校论坛及时回复。勇于面对问题，承认不足，包容多元观点，综合采纳合理意见，解决问题。第二，寻找合适的时间，与当事人进行沟通，针对不同的人的个性问题及特点进行详细交流，打开学生心结，消除学生的不良情绪。第三，定期对大学生群体及教职工群体进行访谈。深入了解大学生群体、教职工群体的思想动态，了解他们的学习、生活、工作等情况，及时帮助他们解决困难，拉近师生间、教师间的情感距离，更好地促进学生成长和教职工工作的开展。第四，在日常工作中加强大学生网络伦理道德教育和网络法制教育，提高大学生的网络行为认知能力和判断能力，引导大学生增强网络法制意识、网络道德意识、自我保护意识等，网上网下联手，促进高校突发事件网络舆情长效监管机制的建立，寓引导于教育和服务之中。

总之，网络媒体当下已经被认为是继报纸、广播、电视之后的"第四媒体"。网络具有的匿名性、交互性、多元性等特点，使网络舆论呈现感性强于理性、浅显大于深层、分散多于集中的特点。网络舆论作为社会舆论的重要组成部分，在发挥积极作用的同时，会带来一定消极影响而成为不可忽视的力量。高校在学生突发事件处置过程中，如何对网络舆情实施科学有效的管理和控制，已经成为亟待解决的属于"综合性应急管理"的新型课题。

第二节　高校突发事件网络舆情给大学生思想政治教育带来的挑战

高校突发事件网络舆情是近几年随着网络技术的发展，借助网络载体传播的，大学生对所关心的或与自身利益相关的各种校园事务、社会事务所持有的带有倾向性的情绪、态度、意见和意愿交错的综合。网络舆情以其新颖的形式、丰富的内容、独有的传播方式受到大学生的喜爱，也给高校思想政治教育工作提出了新的要求。

一、对思想政治教育工作者提出了更高的要求

网络舆情在高校范围内的发展与渗透，既给大学生思想政治教育带来了难得的发展机遇，也带来了一定挑战。高校突发事件网络舆情既拓展了大学生思想政治教育的空间，使得大学生思想政治教育更具渗透力、影响力和吸引力，也对大学生思想政治教育提出了挑战。传统的思想政治教育模式和教育方

法难以适应时代要求，思想政治教育的教育理念急需转变，高校突发事件网络舆情对思想政治教育的环境和教师队伍的素质也提出了更高的要求。高校思想政治教育工作者应直面高校突发事件网络舆情给大学生思想政治教育所带来的负面影响，主动引导舆情走向，转变教育理念，更新教育方式，提高大学生思想政治教育的实效性。思想政治教育工作者应转变教育方式，将灌输知识与渗透教育相结合，占领高校突发事件网络舆情的主阵地；坚持引导教育与监督管理并重，引领高校突发事件网络舆情的发展，同时将网上教育与网下教育结合起来，实现知识德育与网络德育的统一，加强大学生思想政治教育队伍建设，着力构建全员育人机制。

高校思想政治教育工作者是高校思想政治工作的组织者和实施者，加强高校思想政治教育队伍建设是提高思想政治教育工作成效的关键，也是做好思想政治教育工作的根本条件。信息网络化在高校的飞速发展，对大学生思想政治教育队伍的素质提出了更高的要求。

（一）整合资源，建立一支专兼结合的网络舆情监管队伍

建设一支高素质的网络舆情监管队伍，是加强网络思想政治教育，提高大学生思想政治教育实效性的重要保证。高校必须培养一支思想政治素质高、网络技术过硬的舆情监管队伍，只有这样才能满足当前高校网络思想政治教育工作的需要。

1.建立健全舆情内容监管领导机制

各级教育行政部门作为校园网络舆情内容监管部门，要切实认识到高校突发事件网络舆情对大学生思想政治教育的影响，从战略和全局的高度，重视网络舆情对加强大学生思想政治教育的重大意义，以及不良舆情对大学生思想道德建设的影响，始终把怎样合理引导舆情、培养合格人才作为现阶段高校思想政治教育所应深入研讨的重大课题，将做好舆情监管工作作为新时期高校思想政治教育工作的重点，积极做好组织领导工作。我们要建立健全党委统一领导、党政群齐抓共管、有关部门各司其职的领导体制和工作机制，组织专业队伍对舆情进行监管，制定舆情监管运作规程，细致分工，明确职责，使各部门协调一致，互相配合，形成各部门各司其职的良好工作机制。高校要充分发挥高校党务、行政部门，特别是宣传部门和学工处两大中枢机构的作用。为此，高校党委要加强统一领导，明确宣传部、组织部、学工处、教务处、社科部以及网络教育部等部门的工作目标和工作重点，明确分工并建立必要的制度，加强各部门之间的联系，齐抓共管，形成教育合力。

　　2.组建专业网络论坛教师管理队伍

　　高校还应组织专业教师队伍，加强对校园论坛以及网络论坛的监管。高校网络论坛和校园论坛作为一个全校师生广泛参与、网状辩论、多元议题的网上论坛，是开放性的校园公共舆论领域，一方面它提供了一个可供大学生自主发表意见、表达心声的舆论平台，有利于了解大学生的思想动态和利益诉求，另一方面，由于网络论坛的开放性和自由性，舆情信息鱼龙混杂、良莠不齐，也滋生了一些诸如"恶意灌水"、集体抗议、散布谣言、攻击诽谤等过激行为，高校如果缺乏对网络论坛舆情的必要把握和引导，互联网上的一些不良信息一旦被大学生网民采纳，在评论和传播过程中，其可能会被歪曲和放大，对大学生的思想观念造成不良的影响。因此，加强对大学生网络舆情的监管，就应着力建立一支政治意识强、业务水平高、懂得计算机技术的专业网络论坛管理员队伍，负责论坛的日常管理工作和正常运行。专业网络论坛管理员的工作应从以下几个方面入手。一是主动导帖。论坛管理员应主动发布一些思想健康、与大学生利益相关或大学生感兴趣的热点话题，合理设置议题，组织进行讨论，引导舆情向正确的方向发展。二是积极跟帖。对于网络论坛上出现的思想倾向，特别是一些错误的、消极的思想言论，要及时地跟帖评论，发布正面信息，及时进行教育疏导，防止负面影响扩大。三是善于劝帖。当某些大学生的观点过于偏激、网络言行不理性或网络论坛中出现"网络噪声"时，论坛管理员应及时进行劝诫教育，劝诫大学生注意自身的网络言行，引导大学生网络言论表达更为理性化。四是适时结帖。当关于某一话题或某一社会热点的讨论进行一段时间后，论坛管理员要在适当的时间结束讨论，并对其进行结语和评价，总结正确观点并加以弘扬。

　　3.构建一支优秀的辅导员、班主任教师队伍

　　辅导员、班主任是高等学校教师队伍的重要组成部分，是高等学校从事德育工作，开展大学生思想政治教育的骨干力量，是大学生健康成长的指导者和引路人。辅导员与班主任是大学生接触最多的教师，辅导员自身的政治倾向、职业道德、人格以及对各种社会现象或事件的态度都会直接或间接地影响大学生价值观的形成。高校要采取有力措施，着力建设一支高水平的辅导员、班主任队伍，建立科学合理的选拔机制，选留高素质的人才为大学生提供良好的思想政治教育以及完善的学生事务管理、心理咨询、就业指导等多方面、全方位的服务，为高校思想政治教育工作的开展提供良好的保障。

（二）加强培训，提高思想政治教育教师队伍的综合素质

思想政治教育工作要能真正地说服人，一靠真理的力量，二靠人格的魅力。教育者既要有马克思主义基础理论和社会主义意识形态理论的理论涵养，又要拥有强大的人格魅力。这就要求我们必须建设一支以思想政治理论课和哲学社会科学课教师、辅导员教师为骨干的教师队伍，重视提高思想政治教育者的政治素质、思想素质、道德素质、法律素质、理论知识素质、创新素质和心理素质。高校要通过组织各种形式的学习培训，帮助思想政治教育者提高能力素养。高校应建立健全教师培训机构，根据时代变化设置基础理论培训课程，选拔一批有工作经验和教学能力的教师现身说法，全面提高思想政治教育者的素养，增强其责任感和使命感。

1.高校思想政治教育者要有坚定的政治信仰

教书者必先强己，育人者必先律己。作为培养社会主义合格建设者和接班人的思想政治教育者，首先应具备较高的政治理论水平、深厚的政治理论功底和坚定的马克思主义立场。思想政治教育者应有坚定的政治信仰，在意识形态领域要坚决拥护马克思主义的主导地位，树立科学的世界观和人生观，用辩证唯物主义和历史唯物主义的观点、立场科学地解决大学生的思想认识问题。坚持社会主义政治方向，树立马克思主义的崇高政治信仰，是高校思想政治教育者必须具备的最基本的政治素质。在引导大学生的舆情走向时，思想政治教育者要具备高度的政治敏锐性，密切关注、敏锐把握大学生可能或即将出现的思想倾向。

2.高校思想政治教育者要有较高的知识素养

高校突发事件网络舆情涉及内容的广泛性要求思想政治教育者要具备较高的知识素养。德育工作者除要掌握马克思主义基础理论知识、思想政治教育专业知识外，还必须加强自己的知识涵养，掌握相关的教育学科知识。思想政治教育管理学是一门多学科交叉的应用性学科，时代的发展和科技的进步使得不同学科之间的联系日益加强，思想政治教育者要在工作实践中积极吸纳心理学、教育学、政治学、伦理学、社会学等相关学科的理论和知识精华，借鉴先进的工作方法和工作手段，只有这样，思想政治教育者才能不断创新、与时俱进。思想政治教育者要善于与时俱进，深入学习马克思主义理论的最新成果，学习当前国家的重大方针政策，学习多媒体教学技术，不断拓展知识的广度和深度，紧跟时代发展，准确把握大学生的思想需求；要在教学过程中不断完善自身的知识结构，提高自身的知识素养和工作能力，增强实际工作中的主动性和预见性。

3.高校思想政治教育者应具备良好的网络素养

思想政治教育在网络范围的延伸要求高校思想政治教育者应具备良好的网络素养。教育部明确提出，要培养一支既具有较高的政治理论水平、熟悉思想政治工作规律，又能较有效地掌握网络技术、熟悉网络文化的特点，能够在网络上进行思想政治教育工作的教师队伍。高校应加强对现有思想政治教育队伍的网络技术培训工作，使他们既能运用传统教育方式，又能熟练应用解决大学生思想问题的新的知识和技术手段，努力运用网络快速获取信息，推动高校思想政治教育工作向网络延伸。高校突发事件网络舆情处理还要求思想政治教育者必须具备较高的综合处理网络舆情信息的能力，要善于对大学生不良舆情所表露出的不良思想倾向做出快速反应，并从庞杂的信息资源中筛选出有用的教育信息，整理编辑成有自己特色、导向鲜明的思想政治教育资源，从而使高校突发事件网络舆情成为表达社会主流意识的重要载体。思想政治教育者还应掌握丰富的网络技术知识和计算机知识，如教学软件的运用、信息过滤软件的应用、网站建设与管理、网络信息传播以及多媒体教学等相关网络知识，具备熟练运用网络多媒体开展网络思想政治教育工作的能力。思想政治教育者还应具备良好的工作能力，认真研究大学生的心理特征，把握好网络舆情引导的最佳时机、力度和方法，学会与大学生平等交流沟通，不断提高大学生的思想政治水平。

总之，在新媒体时代，大学生强烈的好奇心和对新生事物的认同感，使他们成为新媒体最早的接受者和使用、推广者，而教育者往往处于信息劣势的境地，还存在新媒体技术意只淡薄、网络技术水平差、缺乏接受新鲜事物的敏锐性、观念更新不够等不足之处。因此，大学生思想政治教育工作者必须与时俱进、熟悉新媒体、更新知只、提高自身信息素养，这是应对高校突发事件网络舆情挑战的必然要求。

二、对传统的思想政治教育方法提出了新挑战

（一）高校突发事件网络舆情的形成诱因

1.群体性特征易诱发网络舆情

从心理学角度来讲，与一般的社会群体相比，大学生群体之间互动十分频繁，人际吸引强度大、持续时间长，大学生群体意识和目标共性强，成员能从群体中得到满足。从人际关系理论来说，无论是正式组织还是非正式组织，组织内每个成员彼此都有直接的联系，他们有共同的目标和兴趣爱好，都对同

一事物认同感强，他们相互接触交往频繁，相互认识和相互体验会产生行为刺激，其行为心理在长时间内会构成特定的群体心理情景。在同一动机作用下，群体组织内的某个行为个体产生动机时，也会引发群体内其他成员产生同样的动机。大学生群体在同一动机作用下，针对网络舆情包含的各种信息，容易盲从和冲动，进而会引发不良的网络负面效应。

2.高校网络道德规范还不完善

由于高校校园网络的开放性，任何人都可以在网络上自由地发表自己的意见，不受任何的约束。大学生在虚拟网络中，常常被消解为"数字人"。大学生对网络信息的崇拜，使"道德人"被异化成一台机器，其不再是有血肉的行为主体，而是虚拟的人。部分大学生自我控制能力弱，道德的主体性变得越来越模糊，责任意识越来越淡薄，爱国主义思想和民族观念受到很大的影响，社会责任感和道德水平也明显下降。同时虚拟网络的发展深刻影响了大学生的学习生活方式，他们对待学习的态度发生了很大的变化，这不可避免地冲击着大学生的人生观、价值观和世界观。

3.高校校园网络言论管理存在缺陷

高校网络言论不同于我们现实生活中的某些言论和行为，我们在现实生活中的某些言论或行为受到法律的限制，人们一般不会也不敢为所欲为。但对网络言论，目前我国有关网络的法律法规仍然不健全、不完善，没有具体的法律来直接规范和限制。由于网络具有匿名性，网民一般都以昵称、代号方式出现，无论是校园内的教学还是学校管理都可以成为谈论和评议的话题。在虚拟身份的掩护下，大学生可以不去顾虑外界因素的影响，这就唤醒了大学生心灵深处的一些并不美好的本能的冲动，他们大胆地向其余网民表达自己的态度与看法，同时大学生可利用网络论坛这个"泄压阀"自我宣泄，他们并不会因为自己在网络上的非理性行为去承担责任。由于网络立法的相对滞后，大学生一些消极的、错误的言论缺乏有效的监控，网络舆论的主题分散，也没有明确的方向，每个人都可以借助网络的虚拟性来随意发表自己的观点，一些潜藏在内心的冲动，一旦挣脱理性缰绳的束缚，就很容易导致非理性的情绪状态，进而引起网络舆情危机事件的发生。

（二）高校突发事件网络舆情的演变特征

1.信息传播的快捷性和交互性

高校突发事件网络舆情信息以文字、图片、音频、视频等形式来传播，信息传播具有快捷性和交互性特征，这为大学生自由地表达提供了良好的空间。如今，依靠校园论坛来交流思想已经成为大学生生活中的一个重要组成部分。在网络论坛空间里，大学生的需求、成长的环境、所具有的知识和观念十分相似，网络论坛的内容大部分与大学生自身利益有关，这无疑是大学生群体对网络越来越青睐的原因之一，在这里他们的思想更容易被同龄人理解和接受，彼此都能找到共同的谈论话题，利用网络论坛来交换最新的思想。一些大学生普遍关心的议题在网络论坛上一旦发表，就能很快得到大学生的关注，他们因此产生共鸣。特别是网络发展迅速的今天，高校的扩招及改革产生了一些问题，这些问题一旦在网上发布与传播，就极容易引起大学生关注，很快可能会引发学生质疑，进而会引发网络舆论争议，最后会引发群体性的罢餐、罢课等高校群体性事件，而网络传播速度之快、传播范围之广令人称奇。

2.内容的多元化与分散化

随着互联网的兴起，公众公开表达意见的情况已经得到大大的改善，网络言论尺度相对宽松，网络舆情所涉及的问题包罗万象，大学生群体中每个成员都有自己独特的文化视角，而且群体成员所关注的舆情主题各不相同，即使对同一主题，他们也都有自己的看法，这造成了网络舆情内容的多元化和分散化。从学生的情感诉求来讲，高校论坛为他们提供了交流、求助与发泄的平台，他们利用网络可以多角度地交流自己的想法，从而得到别人的赞同与认可，这也足见网络舆情内容的分散化。

3.制造者和参与者的开放性

由于大学生正处于世界观、人生观形成时期，他们的世界观和人生观并未完全定型，他们的需求缺乏稳定性，在看待问题上有更多的片面性，各种观点带有一定的随意性和主观性，他们的思想更容易受舆情环境和个人情绪变化的影响，一些活跃的大学生在论坛上很容易聚集在一起共同参与网络舆情事件，他们更多地关注公共事务对自己的影响，对有益于自己的则赞同，对不利于自己的则极为痛斥。高校网络舆情事件的发生可能针对社会道德伦理、腐败问题，也可能针对学校各方面的管理，如诈骗团伙利用网络来骗取钱财，大学生在英语四六级考试时利用网络来作弊……这些事件的参与者有可能是某个地区的部分公众，也可能是跨越国界的公众。从网络主体之间的互动作用出发，网络舆情事件的制造者可以是任何对网络内容感兴趣的人。有专家将校园网络界定为师生关系世界、熟人世界、陌生人世界三类媒介场所，这也从侧面反映了参与者的开放性。

4.煽动性强、控制难度大、难辨性高

高校校园网络论坛是一个高度开放的网络交流平台。网络舆情在语言表达上具有口语化、通俗化等特点，任何人进入网络论坛，都可借助虚拟身份畅所欲言，跟帖者"从众"现象明显。一些网民在论坛上发布煽动性、蛊惑性的消息，其真伪难以辨别，许多大学生在这种情况下很容易盲从与冲动，从而陷入网络暴力的旋涡之中。由于网络管理的欠缺，一些网站以营利为目的，利用群体性特征来片面追求点击率，将假消息置于显著位置，这样加快了假消息的传播。

（三）网络舆情下高校思想政治教育的引导对策

高校网络给大学生提供了一个多元化开放的舆情阵地，也能汇聚各种可推动学校改革发展的建设性意见，大学生如果对这个庞大的信息市场利用不当，没有正确的引导，就会引发网络暴力，这不仅不利于学生自身的发展，也会扰乱大学生正常的校园生活。高校舆情中潜藏着各种危机，高校管理者必须树立危机意识，加强网络舆情的监督，加强大学生思想政治教育，并及时找到行之有效的引导对策来应对网络舆情带来的各种负面影响，积极创造良好的舆论环境来维护高校的稳定和发展。

1.提高高校师生的"网络媒介素养"

所谓"媒介素养"，就是公民所应该具有的获取、分析、评价、比较和传播各种形式信息的能力。网络媒介素养也应包括公众对网络虚拟信息价值的认知、判断和筛选的能力、解读各种网络信息的能力、利用网络拓展人际关系的能力等。在学校的学习环境中，无论网络的发展催生出多少种新的学习模式和方法，无论学生的学习能力有多强，原有的"教师—学生"的学习方式是不能被取代的。要改善学校的网络媒介环境，教师队伍的网络媒介素养应该首先得到重视，只有教师的网络媒介素养提高了，教师能熟练地运用网络媒介，他们才能得到学生的认可和信服，教学工作才容易展开。教师作为教学活动的主导者，经常在论坛中发帖会吸引很大一部分学生的关注，这在很大程度上能提高学生运用网络平台学习的兴趣，最终可在一定程度上提高学生的网络媒介素养。

2.实行"实名认证制度"

在实名认证制度实施之前，大多数的高校论坛是可以自由地注册的，任何人都可以以匿名的方式来发表自己的言论或对别人的观点进行评论，这无疑是许多大学生热衷于高校论坛的直接原因。网络信息发布的便利性和不规范性也给某些别有用心的人制造虚假消息或不良舆情提供了机会。这些不良的舆情信息也在一定程度上对大学生的身心发展产生了负面影响。实行实名认证制度后，一些没有注册的师生和校外人员，只能浏览校园论坛上的内容，不能随意发帖、跟帖，大学生更加注重自己在论坛中的言行。这样便能在一定程度上保证信息的真实性和有效性，网络言论也更加规范，最大限度地减少了论坛中的舆情垃圾，从根源上杜绝了不良网络舆情的出现，进而减少了它们对学生的危害，同时对加强和谐校园建设起到了积极的促进作用。

3.设置话题，邀请专家共同参与监管

就高校突发事件网络舆情而言，高校大学生愿意更多地接受新事物，他们各自都有自己的兴趣爱好，拥有不同的人生经历，因此他们所关注的话题也存在着较大的差异。高校论坛的管理者应针对大学生关注的问题及时修正管理预案，如西邮论坛为毕业生设置了"毕业生在线交流"话题，学生可与就业指导教师直接交流，解决了学生就业难题；为考研同学设置"考研自习室"话题，学生分享考研经验；还有"后勤服务"话题，解决涉及学生日常的小事等。同时管理者应选择一些贴近大学生真实生活的热点话题进行推荐，引导大学生对此话题发表意见、看法。这样会让网络舆情信息自然有序集中，能引导大学生朝着健康的方向发展。此外，学校可定期举办活动，邀请校内外相关专家学者和学生共同在线参与热点问题的讨论，这已经成为高校论坛的一大特色，既能解决与学生自身利益密切相关的实际问题，又能使高校校园网络具有超强的凝聚力，能引导学校实现对网络舆情的有效监管，还对学校建设和谐校园具有积极的作用。

4.重视问题和意见，积极反馈

大学生能通过网络平台对高校的和谐稳定发展进行舆情监督。但这实现的前提是校方针对学生反映的突出问题及时给予回应，如果学生一味地发泄自己的情绪，而后没有收到学校及时正面的回应，那么事情只会越来越糟糕。学生感到自己得不到学校的重视，自己反映的问题不能及时得到解决，这样学校就丧失了在学生心目中的地位，无疑会削弱校园网络的舆情监督功能，网络舆情便在一定程度上失去了真实性。对于学生反映的涉及大部分学生利益的问题，学生在网上一味地抱怨和发泄是起不了实际作用的，校方应采用合理化建议和措施，及时把一些问题放到现实工作中解决，在最短的时间内具体落实。高校应积极营造一个学生积极反映问题，校方积极解决问题的良好健康的高校突发事件网络舆情环境。

总之，高校突发事件网络舆情具有互动性、突发性等特征，可以以个人爆料、新闻跟帖、独家视频等多种形式存在，并且各种形式之间并不是完全隔离的，它们有互相融合的趋势。高校突发事件网络舆情能够在很短的时间里产生较大影响。而与高校突发事件网络舆情以上的特点相比，大学生思想政治教育的工作方式还是以正面灌输为主，教师一般就是采用"一言堂"的方式完成课堂教学的，在教育理念、教育政策、教育目的等方面缺乏前瞻性的理论与实践的研究，教育的灵活性、时效性还远远不够。

第三节　网络舆情视域下大学生思想政治教育的创新策略

随着互联网技术的发展，网络成为人类历史上迄今为止出现的最大的信息载体，也成了"思想文化信息的集散地和社会舆论的放大器"，越来越多的大学生借助网络表达自己的观点、看法和诉求，网络舆论已经成为当前影响大学生思想和行为的重要因素。如何积极探究网络舆情下大学生的思想政治教育，是高校思想政治教育所面临的重要课题。

一、完善思想政治教育，占领网络平台主阵地

中共中央、国务院《关于进一步加强和改进大学生思想政治教育的意见》明确指出："全面加强校园网的建设，使网络成为弘扬主旋律、开展思想政治教育的重要手段。"

（一）合理设置议题，把握舆情引导的主动权

1968年，美国传播学者麦库姆斯和唐纳德·肖率先提出"议题设置功能"理论假设，并采用定量方法加以论证，成功地开创了传播理论研究领域的崭新境界。议题设置理论主要是引导舆情向预期的方向发展，是有效调控和引导网络舆情的重要方法。高校思想政治教育可借助议题设置理论来合理设置讨论议题，从而牢牢把握高校突发事件网络舆情引导的主动权，提高思想政治教育的有效性。

1.议题的设置要新

利用新出现的社会事件或社会问题设置议题，更能引起大学生关注与思

考，而对国际、国内形势的正确认识与分析，也是当今时代大学生思想政治教育的重要内容。在将社会热点事件或社会问题转化为议题时，要遵循大学生思想发展的心理规律，把握大学生的思想动态。网络的出现使得大学生接收信息的自主性增强，信息摄取行为也更加隐蔽，对信息的理解也更为多样化，大学生不再简单地按照教育者制定的教育目标去理解信息，特别是在网络空间内，大学生的自主意识增强，他们会将各种不同的信息汇集在一起，进行分析归纳，得出自己对此事件或现象的认识，进而指导自己的网络言行。因此，思想政治教育者在进行舆情引导时，要允许不同声音的存在，尽可能地从正反两方面设置议题，通过讨论来明确正确的道理进而达到正面引导的效果，力求使大学生在了解分析各种观点的基础上保持正确的立场和态度，使舆情朝着健康积极的方向发展。

2.议题的设置要精准，不断强化专业性，提高说服力

高校论坛议题的设置要尽量与社会主流舆论相统一，注重联系大学生的关注点和心理需求，注重评论角度，坚持大命题小视角。思想政治教育者可根据校园网上大学生舆论的关注点设置校园热点话题，通过合理有效的议题设置，既可以满足大学生对于社会事件真相的获知需求，又可于潜移默化之中宣传正确的价值理念与态度。

（二）培养论坛的"意见领袖"，强化网络舆情引导的主动性和权威性

传播学中有一种"两级传播"理论，根据该理论可知，信息往往是先从媒体流向受众的意见领袖，然后意见领袖再根据媒体对报道的理解向周围的受众传递观点，即经过了一个从"大众传播——意见领袖——一般受众"的过程。与媒体报道相比，普通受众更容易相信意见领袖的观点和意见。意见领袖的观点对舆情表达者往往有着很大的影响，特别是大学生正处于人生观、价值观逐渐形成的重要时期，他们对意见领袖的观点往往有着很大的认同感。因此，重视意见领袖对高校突发事件网络舆情的影响，充分发挥意见领袖的积极影响对正确引领舆情走向有很大的推动作用。高校可培育一批思想觉悟高、政治信仰坚定的教师或学生活动于高校网络论坛或网络空间内积极发表评论或进行回帖，进而成为有影响力的意见领袖。教育者将意见领袖有见解的、正确的观点或评论加以强调，从而强化主流言论，弱化不良舆情信息的传播，弘扬社会主旋律，使舆情朝着健康、和谐的方向发展。

（三）注重因势利导，引导舆论的发展动向

大学生政治参与意识强烈、个性强，他们不仅对与自身利益相关的本学校事务、大学生群体事务感兴趣，同时对国家社会事务、社会突发事件也有着自己的看法，特别是对突发重大事件，大学生往往具有更大的关注热情，这就要求网络思想政治教育工作者不仅要在日常管理中，不断弘扬社会发展的主旋律，弘扬马克思主义的价值观和世界观，还要注重以重大事件作为对大学生进行思想教育、引导高校突发事件网络舆情的重要契机。在对突发事件的言论表达中，大学生渴望得到及时迅捷的信息，他们对此事态的发展也极为关注，而信息的不透明、不公开、不及时在大学生心目中就是有猫腻，这会对舆情的发展产生负面影响，所以，我们应加强第一时间的信息报道，主动及时与相关部门进行沟通，用客观、公正、翔实的报道先发制人，使谣言止于事实，引导舆论的发展动向。

（四）利用网络进行思想政治教育的必要性

在市场经济条件下，社会上各种现象都影响着人们的人生观、价值观、世界观，其中，有积极向上的社会事例，也有消极的反面教材，人们在各种信息的影响下不断地改变自己的看法和思想。尤其是当代大学生，他们分辨是非的能力不强，还处于"三观"的塑形期，没有形成正确的人生观、价值观、世界观，非常容易受到社会现象影响，在这种情况下，高校辅导员正确地对学生进行思想政治教育显得尤为重要。我们这个时代被称为网络信息时代，电脑普及率越来越高，互联网对人们的影响越来越大。根据中国互联网信息中心的数据可知，在所有上网用户中学生群体所占比重最大。网络技术创新和信息全球化，打开了学生与社会沟通、与世界联通的大门，网络上的信息有好有坏，学生还缺乏分辨能力，不正确引导势必对学生产生不良影响。网络对大学生群体的影响不容忽视，当代大学生的学习、生活的方方面面，甚至大学生的人生观、价值观也都受到网络的影响。网络思想政治教育是大学思想政治教育的新领域，是增强大学生思想政治教育有效性的新途径。高校辅导员进行网络思想政治教育的对策包括以下几点。

1.高校辅导员应转变思想观念

高校辅导员是进行思想政治教育的主力军，网络的出现给高校思想政治教育带来了重大的挑战，高校辅导员应当认识到，进行网络思想政治教育既是挑战，又是机遇。对大学生进行思想政治教育，要求高校辅导员不仅仅要上好

思想政治课，还要积极转变观念，利用好网络这个信息传播平台，通过多种方式，如QQ、网络论坛等，利用多媒体的优势，来提高大学生参与思想政治教育的积极性，从而提高大学生的兴趣，提高思想政治教育的吸引力。

2.加强思想政治教育网站的建设

建设思想政治教育网站要聘用专业人才，他们要既精通网络建设，又精通思想政治教育原理，能够把最新的时事政治和思想政治教育结合起来，内容上要及时地更新，把社会上阶段性的热点和大学生的思想政治教育结合起来，为学生答疑解惑，帮助学生明辨是非，积极地引导学生形成正确的价值观、人生观。网站建设要改变内容单一、缺乏吸引力的局面，要多和学生沟通，了解他们内心的想法和疑惑，真正想学生之所想，要贴近学生的生活，使思想政治教育网络系统成为学生爱看爱学的阵地。网络思想政治教育要和多种教育结合在一起，如与心理教育相结合、与爱国主义教育相结合，我们应力求思想政治教育网站能够成为大学生喜闻乐见的网站。

3.高校辅导员要选择灵活的教育方式

网络具有一定的虚拟性，学生的想法和现实往往有很大的差距，如何进行有实际意义的教育？辅导员要选择灵活的教育方式，目的非常明确，就是通过网络促使学生形成正确的"三观"，但是采用什么手段，采取什么方法，是采用集体讨论的形式还是采用单独沟通的形式，需要辅导员结合实际情况进行选择。

总之，高校辅导员要开动脑筋想办法，贴近学生生活，贴近学生实际，利用好思想政治教育网站这个平台，使网络思想政治教育更加完善，努力打开网络思想政治教育的新局面。

二、建立舆情预警机制，把握大学生思想动态

从一般意义上来讲，在网络世界里谁掌握了信息、控制了网络，谁就拥有了整个世界。网络环境对大学生的价值观、道德观等的形成和发展有着重大的影响，校园网络舆情是网络环境中影响大学生行为发展的重要因素，这使得规划和建设好一批高校红色网站刻不容缓。正是基于这一点，我们才更加急迫地要创建一批红色专题网站，主动占领思想政治教育高地。

在创建以思想政治教育为主题的高校红色网站时应该做到以下两个方面。第一，以红色经典主旋律为首要方向，同时兼顾大学生在思想和行为上的可接受程度。第二，要扩大信息量，更好地服务广大学生；要积极借鉴其他优秀网站的

组织内容与组织形式，在主页适当增加与学生学习、生活紧密联系的服务性质的版块，尽可能地满足学生日常需求，从而提高网站的吸引力和亲和力；要建设好主题网站，做好大学生思想政治教育的全面规划，建立网络安全"防火墙"，营造强有力的他律氛围，为大学生提供一个文明健康的网络空间。

高校突发事件网络舆情反映了一些大学生通过传统渠道不便表达的真实意愿，是大学生思想动态的"晴雨表""体温计"。因此，高校应利用现代网络技术，建立多层次、全方位的网络舆情信息收集与预警机制，及时了解舆情信息，分析舆情发展态势，预测舆情走向，并提出解决问题的对策和建议，提高网络舆情的应急处置能力。例如，可以指定专门人员密切关注校园网、QQ群及各类贴吧，对其中透露出的信息进行整理分析，及时掌握大学生的思想倾向，进行有针对性的教育。可以说，建立完善高校突发事件网络舆情信息汇集分析和监测机制就是以制度建设为保障，以提高舆情信息质量为重点，建立健全社会舆情汇集和分析机制，畅通社情民意反映渠道，更好地为大局服务、为决策服务。加强舆情监测机制建设，一要加大技术研发力度，为舆情监测提供技术保障，二要建立健全网络舆情信息分析和研判机制，对舆情信息进行全面的分析和研究，从而为教育政策的制定提供参考。

（一）技术保障

网络社会的进步是建立在科学技术的高度发展之上的，所以充分发挥科学技术的自我控制能力，采取技术性防范措施，可以在很大程度上防止网络失范行为的发生。高校要组建一支网络舆情监控机构，组织专业人才研发智能型自动控制、过滤软件系统，运用软件自动控制和过滤技术，删除有害信息或禁止有害信息被第三者访问、传播，避免不良信息在校园扩散。高校要积极组织人才建立和完善以互联网协议地址为主要索引的互联网信息数据库，提高对互联网信息及其负责人快速定位的能力，防止各种不良信息对公众的侵害。高校要重视架设防火墙，提高自身高品质网站的安全性，防止外来恶意攻击。北京交通大学网络舆论安全研究中心是国内首个网络舆论安全研究机构，该研究机构利用电子信息技术手段，从人文、计算机和复杂系统等角度，进行网络舆情产生、传播和导控等方面的研究和自主网络舆论安全关键技术的研发，对高校舆情研究和监控有很大的促进作用。

（二）机制保障

建立健全高校舆情监测机制，有利于及时了解高校舆情信息，掌控舆情的发展走向，对可能产生负面影响的舆情及时做出分析和应急反应，并加以正确引导，避免舆情向不良的方向发展。高校要依托学校党委宣传部门、各级管理部门、后勤部门等，设立舆情观察室，全面收集来自现实生活和网络的各方面舆情信息，加大对校园网络论坛的舆情监控力度，及时对收集到的原始舆情信息进行整理和评价，筛选出有用的舆情信息，从而使舆情信息由无序变为有序。加强对高校突发事件网络舆情的分析和研判还应注重加强对舆情信息的深度分析，指出舆情的实质所在，找出影响舆情形成与变动的主要因素，从而提出解决问题、引导舆情的对策建议。高校要运用科学的理论、方法和手段，理性地剖析大学生的舆情观点，要在对舆情信息进行整理和价值评判的基础上，透过复杂多样的舆情表面信息，把握舆情的本质内容，为教育决策的制定提供依据。

1.建立健全信息安全责任制

网络安全千招万招，只有责任落实才是实招。一方面，高校网络工作部门要明确校园网站、校园论坛、网络思政等相关网络信息平台的管理责任，明确责任人和相关义务，防止出现失控失管的现象。管理者要督促各部门对所属信息安全工作的监督检查，做到日有登录、周有巡查、月有通报，年底对信息安全工作落实情况进行讲评。对落实情况好的单位和个人要给予奖励，对出现问题的要批评指导，并限定其及时改正，切实将责任制落实好。建立健全信息安全责任制的另一个重要方面，就是要建立学校、家庭、学生三方协调机制，切实将方方面面的力量调动起来，加大社会、家庭对学生的监管力度。学校应与学生家长建立有效的沟通机制，可以通过定期电话联系，或者直接在网上沟通等方式进行信息互通。特别是一些问题家庭，学校要加大与学生家长的配合力度，围绕子女的成长这一主题采取相应措施，有效避免失管失控。

2.建立健全信息监控机制

网络信息监控系统类似天网系统，它主要起到对网络违法行为的监控作用。网络的虚拟性为师生加强自主学习提供了广阔的思想空间和行动空间，但同时也为监管人员的工作带来了很大的不便，在虚拟世界中，人们不再面对面，而是通过一个个虚拟的身份进行沟通，这容易使部分自制力差的师生产生"反正没有人认识我，想怎么说都不用负责任"的想法。通过多年对网络犯罪的调查我们发现，很多在网络上传播虚假信息的人，在实际生活中其实是谨小慎微、戒言慎行的"老实人"，因此，对网络虚拟身份进行监控，可以起到震慑作用。高校要建立完善监控和举报机制，对举报不良信息和不法行为的师生，要及时表彰奖励，对没有及时发现问题的部门和单位，要追究相关人员的责任，形成群众性的监控氛围。相关职能部门要及时与地方公安进行沟通协调，对所属网络信息流通情况进行跟踪了解，发现问题苗头及时制止，将问题消灭在萌芽状态。

3.建立网络信息安全的物质保障机制

高校要保证网络安全的软硬件随时更新，以适应形势发展。目前，部分高校从节约资金的角度出发，对网络屏蔽设施、杀毒软件、防火墙等不能及时更新，这些都为网络教育埋下了隐患。因此，高校应保证网络设施安全运行和维护的各项资金投入，在年初制订经费使用计划时，要将所需设施设备划入计划当中。在开展过程中，若发现设备、软件等更换不及时，要及时拨款加以解决，避免由于硬件问题导致教育工作不能正常开展。

4.加大对网络违法犯罪活动的打击力度

在净化网络环境方面，高校应积极配合公安机关等执法部门开展工作，加强对学生的思想政治教育和行为管理，对参与网络违法活动的学生，应给予严肃批评教育，构成犯罪者，应移交公安机关依法处理。

5.开展网络道德教育，构筑"三道防线"

一是技术防线。高校要设置网络平台的信息"过滤器"，内置不良信息过滤软件，保证网上信息的文明、健康。目前，这一技术已经较为成熟，可以屏蔽掉网上大部分反动言论。二是法律防线。高校应强化网络法制教育，定期组织开展"严守网络制度，净化网络环境，争当守法网民"的专题教育，聘请相关专家开展专题讲座，教育广大师生遵纪守法，增强网上法治观念，做网上守法的模范，以法律为武器，威慑和打击各种非法网络行为及网络犯罪。三是道德防线。高校要把公民基本道德规范融入网络道德教育之中，增强学生上网的政治意识、法治意识、责任意识、安全意识和自律意识，培养学生良好的网络道德品质和健全的人格，消除网络涉案问题的根源。

（三）建立健全舆情协调和表达机制

网络舆情工作需要建立一套完整的组织保障机制，加强部门之间的联动与分工协作。这就需要思想政治教育工作者在网上培养一定的"舆论领袖"。在交互开放的网络中，由于处理信息的能力不同，"沉默的螺旋"的从众心理一直影响着广大受众，信息在传播过程中当人们的观点跟大多数人不同时，他们往往会选择趋从大多数人的看法和观点，而"意见领袖"往往在传播过程中具有很高的权威性，因此"意见领袖"便在网络信息传播过程中充当"权威发言人"的角色，为广大网民答疑解惑。无数事实证明，培养一批思想进步、政治立场坚定、专业知识丰富全面、数量充足并熟悉网络语言特点的网上评论员来充当网络的"意见领袖"，是引导网络舆情发展的有效途径。高校应建立和巩固舆情表达的网络渠道，当前即时通信工具已然成为网络舆情传播的主要工具，网络信息传播已经引起了国家安全部门的高度重视，网络管理者应从网络论坛中发现情况，以更准确地了解民意。高校各级管理部门也要广开言路，拓宽大学生的利益诉求渠道。一方面，高校应确定网络舆情领导主体，以便全面、及时、准确地收集相关信息；另一方面，高校应通过舆情领导主体及时、准确地进行信息发布，发挥"舆情领袖"的作用，进行网络舆情引导，从而保证校园的和谐稳定。

（四）提高网络舆情引导过程的开放性

当今大众传媒广泛而深刻地发展，人们可以通过多种渠道了解自己关心的信息，所以各种信息一定要做到公开、透明。面临突发的高校舆情危机，如果学校主管部门不及时发布相关信息，将真实情况公开，谣言就会乘虚而入，给别有用心之人以可乘之机，使一些不明真相的大学生受到蒙骗。所以，高校突发事件网络舆情一定要公开。首先，网络舆情的氛围要开放。网络的便捷、宽松以及能够实现一定程度的个人隐私保护，为大学生无拘束的情感表达和便捷的沟通交流提供了空间，大学生非常重视互联网的沟通、交流功能。大学生，有思想、有感情，自尊心强，自我保护意识也很强，他们愿意将自己的心声表露给教师和同学，思想政治教育工作者要尊重他们，认真倾听他们的心声，营造积极、向上、平等、自由的网络舆情氛围。其次，网络舆情的内容要开放。系统论认为，要保持系统的活力，除了不断与外界进行物质与能量的交换外，还需要高度关注系统内每一个体的差异性和不平衡性，并使这种差异和不平衡得到优化。网络舆情跟系统个体的发生发展情况相似，个体相同增强的时候，个体差异就会减弱，这种情况下，整个系统就濒临崩溃走向毁灭。关注网络舆情内容开放性的同时，关注其异质性，有利于网络舆情的引导。

（五）提高网络舆情引导方法的民主性

受现代社会发展与网络扩充的影响，思想政治教育工作者不能再像以前那样简单地对学生灌输知识，而应该站在与学生平等的立场上教会学生如何运用知识。于是一种新型的师生关系——平等对话型师生关系应运而生，如此一来，高校思想政治教育工作者站在平等的立场上，以真诚的态度对大学生进行网络舆情的引导，这种做法抛弃了单纯的"填鸭""说教"的死板方式，容易跟青年大学生在情感上产生共鸣，更加易于打动学生、感染学生。当代大学生具有很强的个性意识和主体意识，由于大多数是独生子女，他们往往特立独行。这些特点使得他们更渴望得到尊重和理解，更希望在与教师沟通交流的时候与教师站在平等的位置上，更希望能够在跟教师沟通交流中得以发展和提高。网络舆情既是社会生活的"晴雨表""助推器"，也是社会不良情绪的"泄洪口"和"排气阀"。这就要求高校思想政治教育工作者不仅要把握主流的网络舆情，更要重视网络上的非主流舆情。高校思想政治教育工作者要加强学习、提高修养，深入了解和研究学生的认知水平、思维方式等，了解有困难学生的不良情绪，帮助有困难的学生发泄不良情绪，树立积极健康的人生态度，促使学生受到正面网络舆情的引导和熏陶，使学生能够选择正确的学习内容，提高学生的自主性和创造性。

（六）提高网络舆情内容的人文性

当今社会，实用主义和理性主义对社会主流价值观造成了误导，导致现代教育在学生知识储备和技能掌握上投入了较多的精力，而对于学生人文素养的培养却很少关注。自然科学是理性的，它能够教会学生"是"或"不是"，却不能告诉学生"怎样生活"和"如何做人"。教育学家斯普朗格对于教育的理解是："教育的核心是通过教育启迪人的心灵，呼唤人的人性，塑造人的人格。"这才是教育被称为教育的原因所在。如果教育工作者只把教育当作"手段"，而忽略了教育的目的，面对学生只是枯燥的填鸭式教学，而缺乏心灵的沟通和抚慰，最终的教育结果很有可能是"生产"出一批空有知识、循规蹈矩，却失去信仰和责任的"机器"。所以，对学生的人文素养的培养是素质教育不可分割、极为重要的一部分。教育需要通过人文素质的培养，提高学生的责任意识、环保意识和社会批判力，从而塑造出具备丰富知识同时有涵养的公民。这就要求教育工作者在对大学生开展网络舆情教育时，坚决摒弃"急功近利"的态度，不能让教育停留在机械的观念批驳和空洞说教的理论层面，教育工作者要以充满关爱和关怀的心态，对学生饱含宽容地接受和积极地肯定，教育要始终遵循先"成人"后"成才"的基本观念。

总之，高校网络思想政治教育需要建立规范的运行机制。开展网络思想政治教育首先要治理好网络思想政治教育环境，这是基础工程。网络在给师生带来大量有用信息的同时，也带来了许多消极的信息和不良影响，如虚假信息等。要改变这种局面，维护好网络秩序，净化网络环境，就要借助制度的强制性，特别是法律法规的限制。完备的法律法规是有效管理网络，预防、遏制各种不良行为出现的关键。同时，网络思想政治教育目的的实现需要制度化。网络思想政治教育的基本途径有两条：一是建立思想政治教育网站；二是将思想政治教育信息渗透到各项工作之中。高校要把思想政治教育信息与日常教学工作、管理工作有机结合起来，而要做到这一点，必须依靠行之有效的管理措施和管理机制。

三、提高信息安全素养，加强网络舆情的引导

我们要想处理好高校突发事件网络舆情，最终还是靠人，必须有一支既具有扎实的业务知识基础、又熟悉网络操作技术的网络舆情引导队伍。广大的思想政治教育工作者应该与时俱进，认真、全面地学习网络知识，提高信息素养，掌握传播学技巧，围绕大学生关注的热点、焦点问题，主动撰写帖子，吸引学生点击跟帖，有效地引导网上舆论。正确的思想舆论导向是促进社会和谐的重要因素，高校应加强对互联网等的应用和管理，理顺管理体制，倡导文明办网、文明上网，使各类新兴媒体成为促进社会和谐的重要工具。

（一）国家要加强网络立法

随着网络在世界范围内的普及，网络不良言行以及网络犯罪行为越发受到人们的重视，目前世界上许多国家都把互联网立法提到了议事日程。最早进行互联网立法的国家是美国。现在美国与互联网相关的法律有很多，内容涉及保护国家安全、言论自由、打击网上诽谤等方面。改革开放以来，为了规范互联网，加强网络信息内容和网络行为等方面的管理，我国也先后制定和颁布了一系列法律法规，如《互联网信息服务管理办法》《互联网文化管理暂行规定》《信息网络传播权保护条例》《中华人民共和国计算机信息系统安全保护条例》《互联网信息服务管理办法》等。这些法律法规无疑对促进互联网的健康发展起到了积极的作用，但由于我国互联网产业起步晚、发展快，我国的网络立法在很大程度上存在滞后性和不完善性。特别是随着网络舆情影响范围的日益扩大，针对网络舆情引导与规范方面的法律法规还很少，因此，制定关于舆情信息发布和传播的相关法律法规，健全舆情监控法律体系，是引导网络舆情健康发展的重要保证。

（二）高校要构建全方位的网络管理体系

《新时代公民道德建设实施纲要》中特别指出："加强网上热点话题和

突发事件的正确引导、有效引导，明辨是非、分清善恶，让正确道德取向成为网络空间的主流。"对于我国高校而言，应贯彻落实公民道德建设的基本要求，并借鉴国外的有益经验，建立计算机终端监控体系，制定校园网络使用规范，并积极贯彻实施，规范大学生的网络言行，为高校和谐网络环境的构建提供制度保障。同时，针对网络空间这一特殊的思想政治教育阵地，结合大学生的心理发展特点，高校应制定完善的网上管理办法，如网络语言使用规范、网络信息发布规范、网上信息的审查和监管规则等。某些高校为有效规范校园网络建设，营造良好的网络舆论氛围，对校园网进行了技术改造，规定所有上网大学生必须用真实身份注册才可以登录校园网，从而规范大学生的网络言行，增强大学生的责任感。尽管现今这种网络实名制仍存在争议，但不可否认的是，作为一种新型互联网管理方式，实行网络实名制有助于引导大学生合理利用网络资源，树立正确的网络观，避免了恶意评论在高校网络空间的出现和传播，对于净化网络空间，弘扬网络主旋律具有积极的促进作用。

众所周知，环境对人具有巨大的塑造作用，创设一个健康、积极的环境是开展大学生思想政治教育的基础。当今信息科学技术的发展给我们创造了一个崭新的环境：网络社会。越来越多的网民借助网络发表意见、交流思想，网络已深刻地改变了我国社会舆情的生态环境。

1.社会舆情环境

社会是思想政治教育的现实资源，社会舆情环境以其强势性和日常性，成为影响大学生思想的主要环境因素。青年大学生的价值观尚未完全形成，其兴趣点和关注点受到社会环境的影响，易变而多元。特别是当社会舆情所隐含的价值理念与大学生思想政治教育所倡导的价值观相悖时，社会舆情的不良价值观就会弱化思想政治教育的影响力。所以，努力营造良好的社会舆情生态环境，引导社会舆情形成正确的舆论导向，使大学生培育健康的生活情趣，对于开展大学生思想政治教育工作具有非常重要的促进作用。

正确的舆论导向是促进社会和谐的重要因素，营造积极、健康、和谐的社会舆情环境既是我们构建和谐社会的应有之义，也是引领社会思潮、提升大学生思想政治教育工作成效的重要举措。因此，我们在抓好高校突发事件网络舆情引导工作的同时，也应坚定不移地丰富和发展社会主义主流文化，把社会主义核心价值观作为社会主义主流文化的核心内涵，不断增强其亲和力和吸引力，营造积极、健康的社会舆情环境，还应加大对社会主义主流意识形态宣传的力度，深入研究和解决改革发展中的重大现实问题，切实研究和回答人民群众关心的热点、难点问题，充分发挥主流文化的引领导向作用，弘扬民族精神和时代精神，讴歌真善美，鞭笞假恶丑。

大众传媒作为党和人民的喉舌，也应具有鲜明的政治导向性，舆论宣传要和社会主流文化相一致。新闻媒体应本着对国家和人民负责的态度，坚持党性原则，深入调查研究，及时、准确、全面地传递信息，在思想上、政治上、行动上要与党中央保持高度一致，要牢牢掌握新闻舆论的领导权，努力宣传科学真理、传播先进文化、倡导科学精神、弘扬社会正气，加强高品位文化信息的传播；加快建设国家重点新闻网站，对重点新闻网站要不断改进创新，切实增强吸引力和感染力。我们的新闻舆论部门要及时地对国家政策方针进行准确的报道，及时反映各个领域、各个阶层的意见和呼声，对社会突发事件或社会热点事件，要做及时准确的报道，为社会和公众提供全面、真实、有效的信息服务，做到信息的真实、有效、透明。

校园环境与社会环境互相作用，社会大环境的各种影响都会在校园中有不同的反映。在高校思想政治教育中，新闻媒体要牢牢把握正确导向，主动承担社会责任，积极开发教育资源，开展形式多样的网络思想政治教育活动。高校要提高媒体影响力，对于社会热点、焦点、敏感问题要积极引导，善于运用群众参与、专家访谈、平等讨论等多种教育方式，多角度多侧面地做好舆情引导工作，把体现党的主张和反映大学生心声的意见统一起来，审时度势，因势利导，为大学生思想政治教育创设良好的社会舆论氛围。

2.高校校园舆论环境

良好的校园舆论环境能给大学生以潜移默化的文化熏陶和精神启迪，使大学生能沉浸其中，缓解学习、生活紧张而带来的心理压力，调整其心理状态。良好的文化氛围和精神环境的熏陶作用，能使大学生避免网络"一言堂"的影响，也能使生活在其中的大学生能受到潜移默化的影响，还能引导大学生树立正确的世界观、人生观和价值观。

总之，校园媒体是传递校园信息，反映大学生心声的最佳渠道。高校校园媒体在报道校园信息、传播先进文化的同时，还承担着对大学生进行思想政治教育的任务。作为校园的强势媒体，校园媒体以其覆盖面广、亲和力强、针对性强深受大学生群体的喜爱，因此，以校园媒体为载体引导大学生树立正确的价值观切实可行。高校要加强校报、校刊、校内广播电视和学校出版社的建设，绝不给错误观点和言论提供传播渠道。校园媒体要立足于宣传党和国家的方针政策，服务于学校党政中心，获取教育界和校园重大信息，报道学校重大信息和活动；要结合网络舆情关注的热点问题进行相关的报道和评论，了解事件背景知识，及时报道事件最新进展，使大学生能及时获得最真实、最全面的信息，避免不良思想的影响，从而做出正确的价值判断。

四、重视网络道德教育，提高大学生网络免疫能力

教育家苏霍姆林斯基指出"真正的教育乃自我教育"。教育家叶圣陶则认为教育的目的是达到不教育。高校思想政治教育工作既要重视外部灌输式的理论教育，又要重视受教育者内省修养的自我教育。对高校网络舆情的引导和监督仅仅是开展大学生思想政治教育工作的基础，培养大学生正确的道德观念和良好的媒介素养，充分提高大学生自我教育的能力才是高校突发事件网络舆情视阈下开展大学生思想政治教育工作的根本所在。大学生信息素养的培育是高校思想政治教育的新内容，是随着时代的发展和高校网络化进程的加快所确立的，是对大学生网络信息知识、信息处理能力和信息社会道德素养的培养。

大学生信息素养教育的价值在于塑造善的品质，使大学生在生活中能按照人性的、道德的要求做出正确的价值取向，大学生只有通过自觉的自我体验，进行自我学习、自我反省，才能实现对正确价值取向的真正认同。高校思想政治教育者要致力于大学生网络信息素养的培育，除了教育学生掌握基本的网络技术知识和具备信息处理能力之外，要特别重视大学生的网络道德教育，可将传统的道德原则引入网络领域，对大学生的网络言行进行规范，使大学生对舆情的表达能恪守现实世界的社会道德规范。大学生除了要具备良好的网络道德素养外，还应树立正确的网络信息观，要能对网络空间的信息做出正确的判断，提高不良信息免疫力，同时在信息发布与传播方面严格恪守社会道德规范，不发布、传播对国家、社会、他人有害的不良信息。

（一）搭建网络信息交流平台，确保思想政治教育工作进网络

高校辅导员利用网络开展思想政治教育工作具有得天独厚的优势，多种网络工具都能使用。同时，高校辅导员要加强彼此的联系，可创建微信群、QQ群等，这样既可指导学生干部利用先进网络技术进行管理，又可加强管理者与学生、学生干部的联系。高校可通过师生齐抓共管，组建一个管理技术超前、信息传播渠道畅通的学生工作网络化管理系统，实现群策群力、群防群治、信息连通、资源共享，使工作更具针对性，实现工作的网络化、数字化、最优化。师生合理使用现代先进技术，可拉近彼此之间的距离，方便沟通

交流，提高了单位时间的信息流量，既为辅导员掌握大学生的思想动态开辟了一个新窗口，又使教育对象更广泛、教育内容更丰富、教育形式更民主。

（二）理顺主客体和虚实的关系，促进网络环境的和谐发展

网络环境下思想政治教育的主客体关系，指的是教育者与受教育者在具体环境中具有的主动—被动之关系、能动—受动之关系，是一种不断建构的动态关系。教育者和受教育者的关系在具体的情境之中实现着互动转变，具有相对性的特点。也就是说，网络环境下的师生关系已不再局限于课堂，师生在课下可利用现代先进技术，进行交流，绝对的师生关系已成为历史。与此同时，网络环境下虚拟与现实的关系也显得尤为重要。网络空间不是虚拟空间，而是现实社会的一部分。网络思想政治教育研究不应从"虚拟""虚拟现实""虚实和谐"等诸多抽象复杂的概念出发，而应切实把握网络和学生的实际，达到教育学生的目的，促进网络环境的和谐发展。

（三）遵循网络文化的客观发展规律，营造全新的网络文化氛围

为了遵循网络文化的客观发展规律，营造全新的网络文化氛围，高校辅导员要努力宣传相关的法律法规，约束社会互联网活动，净化社会互联网空间，为网络道德教育创造良好的法制环境。在网络文化背景下，要加强校园网络硬件建设和管理，思想政治教育工作要主动融入网络、利用网络。我们应加快思想政治教育软件的研制和推广，丰富网络思想政治教育形式。高校可通过研制开发思想政治教育软件，使大学生接受软件中的世界观、人生观和价值观的潜在教育。高校应加强网络思想政治教育人才队伍建设，适应当代思想政治教育的新形势。高校可以通过评选网络思想政治教育名师，发挥名师效应，狠抓网络思想政治教育团队研究，提高网络文化背景下的思想政治教育水平，为广大大学生提供优质的服务。

1.发展话语权利，增强主体在网络思政工作中的角色威信

高校辅导员在网络思政工作中的话语权不仅决定着思政工作的存在与发展，而且决定着思政工作的方向与效果。提升魅力，提高教育者的角色威信；语言转向，提高教育者的感染力。只有做到这两点，高校辅导员才能拥有话语权，提高教育的感召力和渗透力。一方面，辅导员要适应新的管理手段，了解师生交流沟通的网络渠道，树立辅导员在教育中的角色威信。另一方面，辅导员利用网络拉近与学生之间的距离，在潜移默化中灌输了新的管理理念，提高了自身的感染力。学生在与辅导员进行网络交流的过程中不断重构自我意识和

自我认同，在与辅导员的相互尊重、信任中全面发展自己，获得成就感与生命价值的体验。

2.加强自我整合，实现客体在网络思政工作中的自身价值

教育对象的自我整合是教育对象主体性的集中体现，直接影响着网络思政工作的成效。高校辅导员首先要充分发挥学生在交流中的主体性，不给学生灌输某种既定认知，引导他们去选择。高校辅导员应经常深入学生中，了解学生的真实看法和现实困惑，同时要尊重学生的兴趣、爱好和个性特点，充分调动有专长的学生的积极性。在网络思政工作中，高校辅导员要始终注意淡化训诫成分，摒弃传统说教式的教育理念；淡化单向灌输，增强双向互动，在交流的过程中加强学生自我整合；着眼"兴趣引导"，用兴趣引导大学生接受教育；实施"群体感化"，努力营造健康绿色的校园网络环境，使网络思想政治教育达到春风化雨、润物无声的境界。

3.把握实施契机，发挥时机在网络思政工作中的巨大效应

契机是网络思政工作取得良好实效的一个特殊条件。从社会性契机来看，大学生受到社会竞争、个体压力等各方面的影响，很容易在残酷的社会现实面前选择逃避，在虚拟的网络世界里寻求解脱。辅导员应该看清大学生对于现实和未来的迷茫，关注大学生网络心理健康问题，解决大学生的现实问题，做到真正的人文关怀，有效减少"网络依赖""网络成瘾"等实际存在而又亟待解决的问题。在国家出台相关政策的过程中，辅导员要抓住政策契机，开展网络心理健康教育，深化教育理念，做到防患于未然。辅导员应该充分把握一切学习网络技术的机会，改变传统教育理念，在新的时代高度上立足长远，只有这样才能真正展现网络思政工作的重大意义，发挥网络思政工作巨大的时代效应。

4.提升大学生的网络道德素养，建立自律机制

在网络环境中，网民具有很强的自主性，因此高校要结合荣辱观教育，积极引导、教育广大学生文明上网，提高学生网民的道德品质，加强网络道德教育。例如，学校可以通过调整和充实德育内容的方式，开设网络道德教育课程，并把网络道德教育课程纳入思想政治理论教育和考试范畴，使大学生明确网络道德规范，增强其遵守网络规则、网络道德的自觉性，使他们树立正确的网络道德观念。高校应杜绝虚假及非法网络舆情的产生和传播，力求把网络建设成为传播先进文化、塑造美好心灵的阵地。

总之，高校突发事件网络舆情是理性与非理性的结合，面对良莠不齐的

大量网络信息，大学生虽然具有一定的理性认识，但还是很容易迷失自我。因此，要想避免虚假信息、过激言辞的泛滥，高校必须重视网络道德教育，培养大学生高度的网络道德责任感和良好的行为习惯。例如，可以对热点事件进行深入剖析，强化大学生作为网络信息的提供者与传播者的道德责任，组织学生社团开展"微博辟谣"活动等。高校要提高大学生的网络免疫力，使其能够辨别真伪、善恶、美丑，让其自觉抵制反动、暴力等垃圾信息的入侵，从主观上杜绝虚假、非法信息的产生和传播，减少和消除网络的负面影响。

五、发挥大学生主动性，注重培养"舆情领袖"

高校思想政治教育工作归根到底是做人的工作。以人为本的科学发展观始终坚持以人为主体、以人为前提、以人为动力、以人为目的，始终关注人的需求、价值和意义。这既是我国经济社会发展的重要指导方针，也是高校思想政治教育应遵循的基本原则。在网络舆情视角下，大学生成为网络舆情表达的主体，大学生作为受教育者其主体地位越来越突出，所以，在网络舆情的视角下研究大学生思想政治教育就应尊重大学生的主体地位与作用，了解大学生的需求与价值诉求，树立以人为本的思想政治教育观。在思想政治教育的实践中理解、把握以人为本的理论内涵，对以人为本的科学发展观理论在思想政治教育领域的深化发展和贯彻落实具有重要的意义。

当今，网络舆情正日益成为社情民意的"放大器"。网络舆情也为大学生表达观点与态度提供了良好的平台，正日益成为了解大学生思想动态的"晴雨表"，同时网络舆情也会对大学生的思想观念和价值取向产生一定的影响。高校应当重视网络舆情对大学生思想动态的影响，加强对大学生网络舆情的监控，积极探讨如何在网络舆情这一新领域对大学生思想动态进行准确的研判。所谓的大学生思想动态研判，就是要通过各种有效的载体对大学生的思想状况进行定期的研究和判断，进而对大学生的思想倾向做出预期判断。准确研判大学生思想动态是做好高校大学生思想政治教育工作的一项基础性工作，直接关系到高校大学生思想政治教育工作的最终成效。

"舆情领袖"是一把"双刃剑"，在网络社会中发挥着不容小觑的作用。他们较多接触大众传媒信息，并将经过自己再加工的信息传播给其他的人。由于这些"舆情领袖"的身份形形色色，又具有较强的流动性和隐匿性，他们发表的言论并不都是公正客观的，这直接导致了网络舆情与实际情况存在着一定的偏差。高校要想在网络环境中成功地做好思想政治工作，就必须充分发挥大学生的主观能动性，培养自己的"舆情领袖"。高校可利用"舆情领袖"来引导校园舆情，进行正面教育，形成良好的网络风气。高校应坚决抵制各种反面典型的影响，将恶劣的、反动的舆论消灭于萌芽状态。

伴随着时代的进步和科技的发展，互联网目前是中国现实社会思想文化的集散地和社会舆论的放大器。自我意识的觉醒使得越来越多的大学生致力于借助网络参与社会现实生活、发表个人观点，高校突发事件网络舆情因此成为越来越受关注的命题。

网络舆情与大学生思想政治教育的有机结合，既给高校社会主义精神文明建设及大学生思想政治教育带来了难得的历史发展契机，同时也带来了巨大的挑战。高校思想政治教育者应该改变传统的教育方式，占领高校突发事件网络舆情的主阵地，引领高校突发事件网络舆情向正能量方向发展，实现知识德育与网络德育的统一。

众所周知，网络论坛、贴吧等网络交流平台中都会有一些见解独特、分析问题深刻、能引领主流舆论的网民作为"舆情领袖"，他们具有很强的号召力和感染力。因此，高校应发挥大学生的主动性，选拔、培养一批政治上可靠、思想上坚定的学生骨干来充当我们自己的"舆情领袖"，通过他们进行话题引导，倡导符合主流价值观念的舆论导向。

高校突发事件网络舆情视阈下大学生思想政治教育应采用灌输与渗透教育相结合的方式，思想政治教育工作者应占领高校突发事件网络舆情的主阵地。高校应坚持马克思主义理论的主导地位，努力创设良好的网络舆情氛围。马克思列宁主义是规律性与目的性的统一，揭示了世界的本质和规律，是我们认识世界和改造世界的强大思想武器。要坚持马克思主义理论的主导地位不动摇，就必须加强对大学生进行马克思主义理论的科学灌输，在实践中探究灌输方式的科学性和多样性。对社会主义思想体系的任何轻视，都意味着资产阶级思想的加强。只有通过灌输的途径，才能把马克思主义思想意识观念由理论形态转化为人们的思想观念，最后转化为指导人们实践的精神力量。强调理论灌输的重要性，并不意味着要照搬传统理论灌输的模式，而是在实践中不断创新灌输方法，将灌输与渗透教育相结合，拓展灌输空间，讲求灌输效果。

理论灌输要从传统的单向式灌输向双向交流转变，注重灌输过程的互动性。思想政治教育工作者要将灌输与渗透教育相结合，在互动交流中潜移默化地将理论传输给受教育者，从而达到"润物细无声"的教育效果。在思想政治教育工作中，将灌输与渗透教育相结合，还应顺应大学生的心理特点和思想形成发展规律。思想政治教育工作者要寓教于无形，在渗透、无意识教育中，结合大学生的兴趣、爱好和性格特点加入适当的理论灌输内容，使大学生能逐渐接受教育内容并自觉地将其内化为自我认知和行为。高校突发事件网络舆情使教育者和受教育者处于平等的地位，打破了教育者高高在上强行说教灌输的传统教育模式。高校对突发事件网络舆情的引导使得思想政治教育的基础理论能在教育者和受教育者之间的互动交流中得以强化，从而使得思想政治教育更好地发挥隐形教育的育人作用。

坚持马克思列宁主义的主导地位不动摇，还应在思想政治教育的工作实践中不断增强马克思列宁主义的说服力，特别是面对实践中出现的新问题，要注重结合马克思主义理论做出有针对性的令人信服的回答。高校突发事件网络舆情反映的大都是大学生思想上、认识上的热点和难点问题，对这些问题的分析解答往往会对大学生的思想、价值观念产生潜移默化的影响，因此在对舆情的引导过程中，教育者应重视马克思列宁主义的教育示范作用，大力弘扬理论与实际相联系的工作作风，将与时俱进的马克思主义理论与当前大学生思想发展的实际结合起来，不断增强马克思列宁主义的说服力，从而巩固马克思主义理论在高校意识形态领域的指导地位。针对社会现实条件下大学生关注的热点问题，思想政治教育者可结合大学生所关注的舆情热点话题，设计出能体现时代特色、吸引力强的德育软件，将理论贯穿于各类教学活动之中，寓教于乐；也可创办一些反映大学生学习生活或思想关注点的电子刊物，组织开展网上读书活动，使大学生在互动交流中提升自身的思想素养。

总之，网络逐渐成为网民尤其是青年大学生参与公共舆论、影响社会生活的重要平台，校园网络舆情涉及校园生活的方方面面，反映出大学生群体的各种思想动态。高校思想政治教育的一个重要功能就是要科学把握网络舆情的发展规律，研究因势利导、化解矛盾、理顺情绪的方法，使之朝着有利于社会和谐的方向发展。

六、紧密结合时政新闻，提高课堂教学时效性

高校突发事件网络舆情是借助新媒体传播的，大学生可以在数秒内链接到所需的网页，快速获取相关信息。相比之下，"照本宣科"式的传统教学模式则显得时效性不足。在某些高校，思想政治课堂还是圈囿于知识化课程、灌输式教学，已明显落后于时代发展。因此，思想政治教育要充分运用现代传媒来丰富教学手段，本着"趋利避害"的原则，引入新闻时政提高教学时效性，增强课堂吸引力。教育者可以在第一时间将一些正面舆情事件引入课堂，如用新闻人物、道德楷模来凝聚高校突发事件网络舆情的正能量。高校思想政治教

育者要充分认识新形势下加强和改进高等学校思想政治理论课的重要性，全面把握加强和改进高等学校思想政治理论课的指导思想和总体要求，不断完善高等学校思想政治理论课的课程体系，切实改进高等学校思想政治教育教学的方式和方法，大力推进高等学校思想政治理论课的学科建设。

（一）加强精品课程建设

精品课程建设是高等学校教学质量与教学改革工程的重要组成部分。加强精品课程建设，就应改变传统的教学思想，改革教学方法、教学手段，倡导现代化教育技术手段的运用，鼓励使用优秀教材，提高实践教学质量，发挥学生的主动性和积极性，培养学生的科学探索精神和创新能力，高度重视实验、实习等实践性教学环节，重视开发多种媒体有机结合的立体化教材。教育者可利用网络进行教学与管理，相关的教学大纲、教案、习题、实验指导、参考文献目录等要在网上免费开放，实现优质教学资源共享。由于思想政治教育理论性强，传统单向性的理论灌输容易让大学生产生厌倦感，高校思想政治教育工作者要不断地更新教育理念，创新教育方法，根据学科和课程的特点，采取符合大学生认知特点的多种教学方式，如案例教学、演讲辩论等，充分调动学生的积极性，激发学生的学习热情，使大学生能自觉地学习和掌握思想政治理论知识，从而提高大学生运用所学知识分析解决现实问题的能力。

（二）加强形势与政策教育

形势与政策教育是思想政治教育的重要内容和途径，具有鲜明的针对性、综合性，且教育内容始终处于不断地变化之中。形势是一定时期社会发展的状况和态势，政策是党和国家制定的方针和路线，对大学生进行形势与政策教育，可以帮助大学生正确认识当代社会的发展形势，引导大学生从社会发展的大进程来分析和思考问题。思想政治教育者要将党和国家的最新理论成果和政策方针融入教学活动之中，既着眼于马克思主义理论的学习，又着眼于对实际问题的思考。对于舆情中大学生所表露的思想认识问题，教育者要以事实为依据，善于解疑释惑，使大学生既看到我们所取得的成就又看到存在的问题，培养大学生的辩证思维能力。针对大学生群体的兴趣点和关注点，高校可开设形势与政策教育教研室。教育者可根据不断变化的形势，不断更新教学方式，可采取专题讲座、网上调查、论坛研讨等方式，及时对国内外重大事件做出专业解读，解答学生的疑问，在教育实践中不断充实教育内容，从而增强课程的吸引力。高校可建立大学生形势与政策报告会制度，定期编写形势与政策教育宣讲提纲，建立形势与政策教育资源库，结合国际国内形势的变化定期为大学生做形势报告。

1.增强互动性，促进高校辅导员网络思政工作的良性循环

网络可激发高校辅导员的工作热情，最大限度地调动和发掘大学生的主观能动性和内在潜能。高校辅导员通过控制网络中的不良因素，将网络优化成融思想性、知识性、趣味性于一体的网络教育载体，积极地对大学生进行行为方式的引导，使大学生能正确选择网络信息，快乐地接受思想政治教育，挖掘自身潜能，实现自我价值。而大学生既可以对高校辅导员实施的思想政治教育进行反馈，让高校辅导员进行有针对性的修正，使高校辅导员改进自身网络意识淡薄、网络技术水平差等不足之处，又可以自主选择自己感兴趣的网络信息，在网络信息的对比中进行自我教育，改造自身主观世界，克服不利因素而坚持自我。

2.提高吸引力，推动高校辅导员网络思政工作的良好发展

网络环境下大学生的行为表现出很强的自主性和自由性，高校辅导员要发挥网络的吸引力，全面地推动高校辅导员网络思政工作的良好发展。高校辅导员要从形象上吸引大学生，利用网络的便利性接近大学生，灵活运用兴趣爱好、世界观和价值观方面的相似性或互补性，为彼此的交流带来方便。高校辅导员要善于学习新事物，以过硬的网络素质为支撑点，有针对性地加强网络管理，获得认同感，认真调查大学生的需求并推动其发展。高校辅导员要改变工作方式，努力与大学生进行友好的交流，着力于提高自身影响力、渗透力和服务力，利用网络载体建成信息库，让工作通过网络渗入大学生的生活，变枯燥的说教为丰富多彩的互动，让学生学在其中，乐在其中。

3.抓住关键点，深化高校辅导员网络思政工作的时代内涵

把握网络思政工作实施的关键点，意味着高校辅导员要认准网络环境下与大学生互动交流的形势，积极占领校园网络文化阵地，以强大的影响力进一步丰富和深化网络思想政治教育的时代内涵。高校辅导员应抓住大学生的爱国热情，因势利导，把和谐社会、和谐校园、和谐生活等理念深入网络思想政治教育中，积极宣传党的正确方针策略，把大学生的爱国热情转化为提高自身素质、创建和谐社会的不懈动力。高校辅导员应找准大学生对人文关怀的需求，密切关注大学生网络心理健康，及时疏导大学生网络心理问题，真正把思想政治教育做到大学生的心坎上。高校辅导员通过网络引导当代大学生继承和创新传统文化，发挥个人的价值，真正实现自身的发展。

（三）把握网络舆情的运行机制，加强网络队伍建设

网络舆情是大学生思想状况的"晴雨表"，越来越多的大学生依赖于网络，他们遭遇挫折时不再或很少找教师或同学交流，相反，他们多选择网上聊天或发表文章来达到解决问题的目的，因此，通过网络舆情能够较为清楚地了解大学生的心理状况。高校要以校园网络为平台，密切关注校园网中出现的各种舆论，及时、灵敏地捕捉群体性问题的苗头，采取积极措施进行引导，只有这样才能做到有的放矢，防微杜渐，防患于未然，才能有效地开展大学生思想政治教育工作。教育者要不断加强相关的网络理论与技能的学习，加深网络信息化的思维意识，熟练掌握网络这一传播媒体，适应高校网络舆情环境下的大学生思想政治教育工作的要求。另外，高校突发事件网络舆情是反映学生思想动态的一个重要窗口，高校应培养一支既具有较高的政治理论水平、熟悉思想政治教育工作规律，又能有效地掌握网络技术、熟悉网络文化的特点，能够在网络上进行思想政治教育工作的队伍。这支队伍的结构应该是多层面的，既要有专家教授，又要有相关领导；既要有党员、团员，又要有普通群众；既要有专职工作人员，又要有大学生辅导员。尤其是大学生辅导员作为在思想政治教育第一线的教育工作者，除了具备高尚的政治品质、良好的职业道德以外，还必须不断加强有关网络知识和技能的学习，提高网络信息化意识，熟练掌握并运用互联网这一新的传播媒体，努力适应思想政治教育进网络工作的需要。另外，高校要加强对高校网络论坛和高校贴吧的监控和管理，如实行用户实名注册、加强信息发布监控等。一旦发现不健康、过于情绪化的言论及帖子，应立即删除，继而迅速分析言论涉及事件的性质、真相，并主动通过留言和邮件的形式与发表言论的学生沟通，针对问题主动出击，积极对相关学生进行思想和行为方面的疏通引导。

（四）建立思想政治教育主题网站，奏响高校突发事件网络舆情主旋律

正确地引导高校突发事件网络舆情，一方面需要我们学校各级党员领导干部、教师及时有效地疏导与管理；另一方面高校要通过"思想政治教育主题网站"的建立，向大学生宣传党的方针政策，及时地为大学生答疑解惑，牢牢占领网络思想政治教育的主阵地。高校思想政治教育主题网站又称"德育网站""红色网站"，是高校借助网络的优势，有目的、有计划地对大学生进行马克思主义世界观、人生观、价值观的渗透性教育。主题网站作为高校传统思

想政治教育的补充和延伸，在引导大学生树立正确的价值观与人生观、提高思想政治素质、增强政治鉴别力等方面，发挥着越来越重要的作用。作为面向大学生群体，引导大学生舆情的主题教育网站，要合理设置网站栏目和网页内容，及时准确地发布正面权威信息，传达党和政府的相关路线、方针和政策，以引导大学生的思想动态为重点，以弘扬社会主旋律为重心，既要坚持马克思主义理论与社会主流意识形态的宣传教育，同时对于社会发生的重大事件或大学生感兴趣的事件，也要及时发布真实权威信息，宣传正确的价值理念。高校思想政治教育主题网站的建设要顺应大学生的思想发展规律，适应互联网传播特点，构建融服务性、思想性、特色性为一体的主流教育网站。主题网站的构建要注意以下几个方面。

1.体现服务性

主题网站在栏目设计和内容选择上要力求贴近实际、贴近生活、贴近学生，密切关注大学生的利益诉求和兴趣点，将网上思想政治教育与学生服务紧密结合起来。针对大学生的学习生活、校园生活、人际交往、就业与考研、心理咨询、休闲娱乐等需求，主题网站可设交友社区、热点讨论专栏、新闻热点追踪等栏目，增强网站的服务功能，使大学生在享受网上服务的同时自觉浏览并接受教育信息，将教育寓于服务之中，使教育与服务融为一体。如中央财经大学就将学生事务特别是注册、勤工俭学、奖助学金申请等日常学生事务搬到网上，借助网络开设了网上政策查询、网上学生事务信息的发布、用人单位的在线岗位登记等栏目，既简化了学生事务办理的程序，又提高了主题教育网站的浏览量，还提高了学生对主题网站的兴趣。

2.突出特色性

高校要精心进行网站栏目的设置和网页的设计，精心选择教育信息，严格过滤虚假不良信息。网站栏目和网页设计要新颖，要加大投入力度，对师生喜闻乐见、有利于双向互动、寓教于乐的栏目要精心编排教育内容，使网站在形式上图文并茂、声像俱全、多姿多彩。

3.紧跟时代性

主题网站的内容更新要及时，要紧贴时事和学生生活。相关研究表明，国内外重大事件、国家时政要闻以及校园事务往往能引发大学生群体极大的热情，成为网络舆情的关注点。由此，主题网站应紧跟时代发展，不断更新栏目设置，注重在引导中开展宣传教育工作。对于党和国家的最新方针政策要及时发布，并配以专业解读，引导大学生树立正确的价值理念；对于国内外的创新性理论也要设立专栏，进行详尽而全面的介绍，提高大学生的理论涵养；对于大学生感兴趣的热点社会问题更要进行深入的分析，要及时发布权威、真实的信息，了解大学生的思想动态，积极引领舆情导向。

总之，高校辅导员必须紧跟形势，运用网络载体加强和改进思想政治教育工作，分析在网上开展思想政治教育工作的优势，真正达到工作的网络化、数字化、最优化这一理想状态。高校应培养一支既熟悉思想政治教育工作，又能掌握网络技术在网上进行思想政治教育工作的队伍，不断开拓创新，造就网络思想政治教育专家，发展网络思想政治教育事业。

第三章　思想政治教育应对高校突发事件的现状

第一节　思想政治教育在应对高校突发事件中的问题及原因

一、思想政治教育在应对高校突发事件中的问题

（一）教育内容不能与时俱进

长期以来，高校的思想政治教育工作主要采取的模式是基于思想政治方面的教育理论对大学生进行理论知识的讲解与传授，让大学生通过学习理论知识形成科学的价值观，从而提高思想水平与政治觉悟。这一教育教学模式中，教育者所选用的教育内容过于陈旧，主要为泛理论化的思想政治知识，知识过于抽象，缺乏跟当今时代现实生活的对应性，学生在思想政治学习上往往对课程内容缺乏兴趣，学习上缺乏主动性与积极性，即便是表现好的学生，也主要是对思想政治知识进行死记硬背，而不是将思想政治教育内化为自身的道德品质与价值观、人生观。

在当代功利思想的影响下，部分来到大学进行深造的学生，关心的往往是毕业后能否找到像样的工作，收入如何，怎样创业赚钱等现实问题。这就导致高校思想政治教育在内容上很难吸引学生的关注，教育内容僵化陈旧，缺乏吸引力，难以对学生产生真正的有益影响。学生不关心怎样学好思想政治课，思想政治教育工作也缺乏有针对性的措施来解决这一问题。同时由于一些高校在教育工作开展上，只重视对学生专业技能、专业知识的培养，而不重视学生

品德素养的提高，因而把教学工作的重心放在专业课方面的教学上，而忽视了思想政治教育的作用，很少对思想政治教育的教学内容是否具有科学性、是否应及时更新、内容不合理导致的教学效果下降等问题进行探讨研究，导致高校思想政治教育的内容一成不变，很多内容已经远远落后于时代发展，无法起到有效的教育作用。与时代相关的很多德育知识、法律知识未被及时引入高校思想政治教育当中，导致教育内容跟时代脱节，跟现实脱节，这样必然导致教育工作难以收到理想效果。

（二）应对机制缺乏科学性

通常在突发事件出现时，学校要第一时间做出反应，立即针对事件性质与其影响制定出有效的控制措施与应对方案，并迅速整合所有需要的资源，调动有关部门，来应对此类突发事件。不过从目前我国很多高等院校在应对此类突发事件的现实情况可以看出，大多数高校缺乏应对此类突发事件的危机意识，也并未提前建立一套有效的突发事件处理程序与危机预案，一旦事件发生，在应对和处理上往往存在工作顾此失彼，部门之间协调性差，相关信息了解不及时，没有及时把握学生的思想状况，无法通过发现事故苗头而提前控制预防等问题。我国的很多高等院校目前尚未有效建立起针对突发事件进行预警防范的科学措施，在信息发布与思想政治教育跟进方面也缺乏对此类事件的针对性处理。预警防范机制的不足会导致原本就对此类事件的爆发缺乏及时应对能力的更没有能力去对其进行预先的控制与防范。究其原因，都是在突发事件的应对机制建设上缺乏科学化的机制建设，校方并未把此类事件当作需要在现实中进行工作部署与机构设置的工作课题纳入学校的教育研究范畴，在机制设置上缺乏主动性与针对性，所有跟校园突发事件相关的机制设置或者是临时的，或者是缺乏针对性的，自然在机制设置上科学性差，工作效率低，处理和应对此类事件的效果不理想。

（三）教育工作缺乏主动性

目前部分高校缺乏对思想政治教育工作的足够重视，对于思想政治教育工作也缺乏必要的管理。对于学生的学习情况，配备专门的严格考核措施来检验学生思想政治学习情况的高校很少。

一些政治理论课教师尤其是青年教师对自己所从事的职业缺少信心，对从事公共理论课教学这一工作"没有荣誉感"。"对所教课程不太感兴趣"的教师为数不少。部分高校的思想政治课教师对各种变化和冲击的危机感不强，习惯遵循传统的教学理念、教学方法去组织教学，以课堂为中心，以书本为中心，忽视思想政治理论课教育教学的特殊性，将其简单等同于一般知识的传授，不重视研究学生思想变化的规律，不重视把科学的理论与社会现实结合起来，不重视把抽象的概念与鲜活的学生思想实际结合起来，自觉不自觉地扼杀了思想政治理论课的生命力，使它成为一些学生眼中的"鸡肋"。

一些高校虽然也一定程度上加强了思想政治教育方面的资金投入，增强了对思想政治教育重要性的重视，不过在教师的绩效考核、学生的学习成绩考核方面缺乏对应的教育管理措施，这就导致部分教师认为在思想政治教学上教好教坏一个样，导致部分大学生认为即便不努力学习思想政治课，也不会受到来自教育制度的处罚。在这样的情况下，高校教师自然在思想政治教学上缺乏动力，学生也不把努力学好思想政治当回事，学习上缺乏动力，学得不好也没有压力，这样自然会造成很多学校在思想政治教学上效果不佳。

观察高校发生的突发事件可以发现，很多事件在爆发以前，如果校方采取了思想政治教育方面的一些积极措施，有可能对事件的预防与发展产生重要影响，使得此类突发事件受到控制，避免因其爆发而产生悲剧性后果。有关的思想政治教育工作做得不足，缺乏针对性，导致思想政治教育工作对于一些校园突发事件的预测功能完全失效，从而造成校园突发事件难以得到预防和控制，如果高校的思想政治教育工作能够采取定期对学生实施调查访谈的方式，分析学生的思想状况与心理情感状态，进而发现学生中存在的不良心理和负面现象，就学生中存在人格缺陷、价值观错位的一些个体及时地通过观察发现出来，并制定有效的应对措施对其开展思想政治教育工作，这样可以使学生中存在的负面现象及时得到处理和解决，能够避免负面情绪长期积累而逐渐发展恶化导致最终的悲剧性事件发生。在一些公共事件出现时，如果高校的思想政治教育工作能够及时跟上，指导学生理性地看待问题，避免盲听盲信、传播谣言，则可以使得事态在发生之初就得到良好的控制，而避免了事态扩大造成的危害性后果。目前部分高校缺乏对此类问题的主动研究与在思想政治教育工作上的针对性设计，此类高校思想政治教育上的消极态度是影响高校思想政治工作质量，使得高校校园中很多的负面因素无法及时发现，一些突发事件爆发后无法得到有效处理解决的重要原因。

（四）管理部门之间缺乏一致性

近些年，我国教育领域对于高校频发的突发事件开始逐渐提起了重视，在教育管理上对此类事件加以注意，教育部出台了多项文件，就校园突发事件问题给予了指导，要求成立主要用于应对此类事件的工作组，负责在事件爆发时，全权处理此类事件的管理控制与善后工作，并要求学校各个部门，在此类事件的处理上均听从工作组安排，以便在事件处理过程中实现高度一致，避免各自为政导致的处理不及时、工作效率低等方面的问题。目前我国部分大学，对上述部署的落实情况并不乐观，很多高校的思想政治教育工作主要由教师兼职负责，而教师的工作主要局限于理论教学方面，而不负责实务处理、资料调查和学生管理等。一旦发生校园突发事件，负责思想政治教育工作的教师也没有权力对此类事件进行处理，而校方处理此类事件的工作人员往往跟负责思想政治教育工作的教师之间缺乏配合与协调，二者在工作上多数情况下是各自为政的，较少因校内突发事件而结合起来商议处理方案，导致在此类事件的处理上，学校的教育管理部门与教师之间缺乏协调性。具体负责事件处理的工作人员跟负责思想政治工作的教师在认识上不一致，对事件处理的态度也各有不同，导致工作协作存在很多问题，严重影响了工作效率。通过分析可以发现，要良好地处理高校内出现的突发事件，一方面要成立专门的全权负责队伍，能够集中权力调动学校所有的相关部门，部署有关的处理工作，另一方面要将此类事件的预防与调查纳入学校的思想政治教育工作中，通过日常的信息调查与学生访谈，及时发现学生中存在的问题，并制定有针对性的思想政治工作单独辅导目标，帮助有问题的学生解决问题，将潜在的危险因素消除在未扩大之前，这样才能使得高校在预防与处理校园突发事件上更好地应对。

二、思想政治教育在应对高校突发事件中存在问题的原因

（一）教育内容与新时代的要求适应性不强

中华人民共和国成立以来，中国高校对大学生的思想政治教育工作极为重视，各大高校都设立了专门的思想政治教育课程。改革开放之前，我国思想政治教育课程便开始以马克思列宁主义为指导，逐步要求学生重点学习毛泽东思想和马克思列宁主义；改革开放以后，高校大学生思想政治教育更是被党中央及各级政府高度重视，国内所有高校都在积极完善思想政治教育课程，使高校思想政治教育更上一层楼。随着经济全球化深入发展，世界已进入信息化时代，各种信息通过各类渠道不断涌入各大高校，很多社会思潮开始对高校师生产生影响。社会不断发展，各种问题也相继涌现，在各大高校中，食品安全事故和卫生安全事故时有发生，这也就意味着高校思想政治教育迎来了新挑战。

新时代里，高校思想政治教育的内容要符合时代需求，将危机意识教育和生命安全教育贯穿始终，以杜绝高校突发事件再次发生。

（二）应对机制不健全，缺乏探索创新

分析当前高校突发事件更可发现，目前高校应对突发事件的机制匮乏，尤其是事件发生之前的预警机制更是亟待完善。事件发生之时，缺乏完全配套的反应机制。事件发生后，缺乏有针对性的处置机制和反馈机制。应对机制匮乏导致我国高校面对突发事件时总会捉襟见肘。目前高校突发事件应对机制依旧存在诸多缺陷，需要在发展中不断完善。高校思想政治教育具有沟通、协调、预测功能，高校可以将其应用于突发事件应急处理之中，以其功能特性帮助高校建立健全突发事件反应机制、预警机制、沟通机制、协调机制、反馈机制。相关部门应尽快完善与高校突发事件应急处理相关的法律法规，要求学生在日常学习中充分了解应急预案内容。此外，高校突发事件应急处理小组应当尽快建立且保证自身具有一定的专业性。

（三）教师队伍建设不能满足要求

对于高校思想政治教育活动而言，只有拥有强劲的教育队伍才能让高校思想政治教育工作更上一层楼；思想政治教育活动能否取得成功，与教育者的综合素质息息相关，思想政治教育工作的成败很大程度上是由教育者决定的。高校思想政治教育队伍必须具有较高的思想道德素质，能够以身作则，用自身人格魅力影响受教育者。只不过，目前我国高校还没有针对突发事件的思想政治教育设立专门的教育队伍。大多数高校的辅导员负责的工作就是大学生的思想政治教育。教育者的综合素质极其重要，它决定着思想政治教育工作能否顺利开展。一般而言，教育者自身思想端正、责任心强、道德高尚，可以循循善诱，用自身人格魅力来影响学生、教育学生，帮助学生拥有积极健康的心态，当大学生遭遇突发事故时，他们可以坦然应对。只不过，我国大多数高校聘任辅导员时，一般都更重视其专业素质和学历，这也是大多数高校辅导员综合素质不高的主要原因。聘任上岗之后，高校也不对辅导员进行定期培训，帮助辅导员提升业务素养和职能素养，尤其是突发事件应急处理的技能培训更为欠缺，这也是大部分高校师生在面对突发事件时显得手足无措的主要原因。在某些高校，有些辅导员在遭遇突发事件时，还会临阵脱逃，置学生的安危于不顾，这正是综合素养缺失的体现。据此来看，要从根本上解决高校思想政治教育问题，只有从教育者综合素质抓起，加强高校思想政治教育队伍建设。

（四）片面强调单向灌输

思想政治教育的传统教育方法都是单向灌输法，单向灌输法指的是教育者为将其思想观念传授给受教育者而采取的有目的、有计划、有组织地实施教育的方法，在整个教育过程中，单向灌输法几乎贯穿始终，受教育者没有主观能动性和主体性，一直处于被动状态，难以主动参与整个教育过程中。单向灌输法具有明显强制性。受教育者的主观能动性得不到充分发挥，容易导致受教育者厌学、不愿意去理解教育者所教授的内容，受教育者不将所学内容吸收、内化，教育便失去了意义，其效果几乎为零。

长期以来，人们把教育者看作主体，把受教育看成客体，忽视了受教育者的主体地位。因而在大学生思想政治教育方面急功近利、空洞说教等现象屡见不鲜，但是实际上不管是教育者，还是受教育者，都是教育主体。目前高校思想政治教育更多地依赖于课堂教学，忽视了校园文化熏陶，社会服务渗透等途径。传统的教育模式，强调的是教育者的主导地位，而将受教育者置于被动接纳地位，俗称"填鸭式"教学，就是灌输教育法。所谓灌输教育法，指的是由外界向受教育者系统地传播或由教育者自身系统地学习某种思想理论体系的方法。灌输教育法，使用到今天，其局限性也显露出来，那就是灌输的东西，受教育者未必会接受。

当代，大学生思维活跃主体意识强，他们对待事物都是有选择性地接受，对待传统的教育模式——一味地灌输有所反感，甚至产生叛逆心理。灌输教育法不仅在形式上落后，在内容上也是一成不变的，对于热点、难点轻描淡写，在学生的心目中，这样的教学内容没有任何的实用价值，因此就应付了事，学过就背、背了就考、考完就忘是他们对灌输内容的态度。例如，大学经典政治理论本应该和实际相结合，讲解深入浅出，让学生能够体会其中的内涵，然而许多讲解十分机械，照本宣科，模式单一，不能吸引学生的注意力，不能在传道授业的同时解惑，一味是文字的堆砌，偏于理论，脱离现实，很难让学生将政治理论转为自己的理性认同，更谈不上转化为自己的自觉行动。于是就有了教师在讲台上侃侃而谈，学生在座位上昏昏欲睡的鲜明对比。这样的引导方式，学生的主体意识并没有参与进来，使思想政治教育的作用大大降低了。课堂教学尤其是思想政治教育方面，更不能停留在教师主导和学生被动的层面，而是应该教师和学生双向交流。教师把书本的页数讲到了，就下课了，完全没有理会自己的学生有没有真的明白讲的是什么，有没有将这些理论武装自己的信念，如果没有，只是混个课堂出席，混个分数，这样的课堂时间岂不是浪费了。

思想政治教育其实与其他科目的教学一样，应当是一种创造再生产的过程，然而因为它的模式化，导致了一成不变，损害了教师和学生的创造个性。尤其是现在的教学中，部分教师只是为了完成教学任务而工作，完全忽略了学生的个性，有些教师虽然热心改革，但是没有合适的方式方法，导致改革缺乏实效性。这样使得"教"与"学"失去了其本来的教育意义。

目前高校关于学生的思想政治方面的评价较为片面，以群体的学习、集体活动参与积极性、是否遵守纪律等几个方面就断定哪些群体是优秀的，这样的做法是不科学的。在群体中存在很多个体，群体的思想政治的评价结果，不能够完全代表一个人的思想政治素质。更主要的是这种量化的衡量手段面对的往往是学生中的佼佼者，如成绩优秀者、学生干部等，对于普通的学生个体而言十分不公平。思想政治教育的最终目标不是整齐划一而是育人成才，所以教育者就要注重人的情感、人的尊严、人的困难、人的障碍，真正做到以人为本。个性的教育就是要给受教育的大学生更多的选择机会，要他们了解到，每个人都有适合自己的生存方式，适合自己的不一定适合别人，适合别人的未必适合自己，所以不要一味拿别人的生活来比较自己的，而是按照自己的个性发展。

思想政治课其实是需要教育者和受教育者相互沟通的一门课程，在沟通互动中，教育者可以洞悉受教育者的思想状况，根据其思想状况展开有针对性的教育。在接受教育时，受教育者会自主选择合适的教育内容进行吸收并内化，然后主动参与教育活动，将自己的所思所想所学所见反馈给教育者。思想政治教育的实效性得益于二者沟通互动的有效性。

在中国高校中，突发事件应对教育也继承了传统的单向灌输教育法，只知道主观地将高校师生应对突发事件的方法灌输进去，而不让高校师生进行沟通交流，大学生面对突发事件时的心理状态和思想状况，教育者并不了解，也没有掌握，这就导致其疏导措施并不适用于高校大学生，进而导致思想政治教育在突发事件中的作用难以发挥出来。

第二节　思想政治教育在应对高校突发事件中的优势

现阶段，高等院校的很多大学生对于突发事件的危机意识较差，未能做到未雨绸缪，并对即将发生的危机事件进行全面深入的分析，除此之外大学生在合理地预防和处置这类突发事件上意识不足，欠缺辨别是非与对错的能力，同时缺乏对相关的科学知识的了解。在面对突发事件时，大多数大学生都能在政治意识形态方面做到跟党中央保持高度一致，但也有少部分同学，其政治信念、政治立场不够坚定，进而散播不利于国家和谐的反动言论。在预防与应对突发事件中，大学生无论是从专业素质、思想状态、心理情感方面，还是从政治信仰和政治理论方面都需加强学习。为了更加彻底地解决这些突发事件，高校需对学生开展多种形式的思想政治教育，提高学生的综合素质，加强学生认知水平的锻炼，使大学生能够理性判断事件中的无用信息，坚定政治信仰不动摇。结合当前的实际情况，高等院校的应急系统尚未健全，在对这类事情的处置上以管理工作为主，思想政治教育在解决高校突发事件方面还是不够完善成熟，其无论是对于高校的全面发展而言，还是对于科学人才的培养或是学生的管理而言，都是相对滞后的。

一、思想政治教育是有效手段

在高校突发事件的预防问题上，高校管理者需要将运用思想政治教育视为行之有效的手段，这样不仅能够保障高校校园稳定和谐，也在极大程度上促进了高校平安校园的建设和发展。高校可大力开展思想政治教育活动，创建平安校园。

经济全球化给高等教育发展带来了前所未有的机遇，同时，大学生思想政治教育工作也面临着严峻的挑战。在新的形势和环境下，正确把握大学生思想政治教育在高等教育中的地位和作用，是当前亟待回答的问题，是一个带有根本性的问题。只有明确其地位和作用，高校才能不断探索思想政治教育工作的规律，建立与当代相适应的高校思想政治教育工作体系和运行机制，才能全面贯彻党的教育方针，培养中国特色社会主义事业合格建设者和可靠接班人。

（一）当代大学生思想政治教育在高等教育中居于首要地位

1.高等教育的本质决定了思想政治教育的首要地位

（1）高等教育培养的人才具有鲜明的政治属性

高等教育是一项以培养高级专门人才为核心的社会实践活动。它的本质是培养高级专门人才。高等教育作为一项育人的事业，并不是一种简单的实践活动，而是由多种不同层面的活动所共同构成的复杂体系，其中心任务是提高质量，而提高高等教育质量，归根结底是要提高人才培养的质量。高等教育能够满足整个社会发展对人才数量、质量和规格等不同的需求，以及满足人民群众接受高等教育的需求，从而促进社会健康发展。高等教育是人类社会的一个有机组成部分，它与社会的政治、经济和文化活动紧密相连，具有生产力和上层建筑双重社会属性。

高等教育具有生产力的社会属性。教育是一项育人的活动，而人是生产力中最活跃、最重要的因素。随着现代社会对劳动知识化、智力化要求的不断提高，对劳动者的素质要求也越来越高，而高等教育正是培养高素质劳动者的主要活动。同时，高等教育中的科研活动产生大量的研究成果，大学的科技创新活动对社会科学技术的发展具有重要的推动作用，而科学技术被认为是社会发展的第一生产力。此外，高等学校还通过"产、学、研一体化"等方式，把科研成果直接转化为生产力，来促进社会经济发展。

高等教育还具有上层建筑的社会属性。上层建筑是与一定社会的经济基础相对应的政治、法律制度和社会意识形态。社会的政治、法律制度不仅要有物质基础作为保障，还要有思想意识作为支撑，政治、法律制度的变迁常常是以思想意识领域的变革为先导的。高等教育在人才培养的过程中，不仅向教育对象传授各种专业知识，还向教育对象灌输主流价值理念，从而成为传播一定社会意识形态的重要渠道，以实现为其社会经济基础服务的重要功能。

由此可见，高等教育所培养的人，是对社会的经济基础和上层建筑都将发挥一定作用的高级专门人才。高等教育具有鲜明的政治性和深刻的文化性，这就自然而然使得思想政治教育在高等教育中有一席之地，并且十分重要。

（2）我国高等教育具有中国特色社会主义的本质属性

思想政治教育是社会或社会群体用一定的思想观念、政治观点、道德规范，对其成员施加有目的、有计划、有组织的影响，使他们符合一定社会要求的社会实践活动。在教育的发展史上，不同社会中占统治地位的阶级都是按照本阶级的政治需要，把对学生的思想政治教育放在学校教育的首要位置的。只有这样才能培养和造就本阶级所需要的人才，以维持和巩固统治阶级的社会制度，使其牢牢掌握政权。所不同的是不同阶级，具有不同的思想政治教育内容而已。社会主义制度的性质决定了社会主义高等教育的性质和目的，规定着社会主义大学的办学方向和培养目标。大学生思想政治教育要把马克思主义指导思想、中国特色社会主义共同理想、以爱国主义为核心的民族精神和以改革开放为核心的时代精神以及社会主义荣辱观贯穿于各个方面、渗透到各个环节，使大学生成为全面发展的一代新人。

大学生思想政治教育的地位，是由我国高等教育社会主义性质决定的。高等教育是社会主义现代化建设的基础，大学生思想政治教育，对于提高大学生思想道德素质、科学文化素质和身心健康素质，促进大学生全面发展，办好人民满意的教育，为实现中华民族伟大复兴提供合格的人才，具有十分重大的现实意义和深远的历史意义。当前，我国大学生思想政治教育的主要内容是，以理想信念教育为核心，深入进行树立正确的世界观、人生观和价值观教育；以爱国主义教育为重点，深入进行弘扬和培育民族精神教育；以思想道德建设为基础，深入进行公民道德教育；以大学生全面发展为目标，深入进行素质教育。高校要通过大学生思想政治教育，促进社会主义物质文明和精神文明建设，提高大学生的素质，培养德、智、体、美、劳全面发展的中国特色社会主义事业的建设者和接班人。这是我国高等教育的目的也是我国高等学校的主要任务。加强大学生思想政治教育，是我国高等教育社会主义性质的重要标志，把这种教育置于学校各项工作的首要地位，体现了教育的社会主义性质。

（3）思想政治教育古往今来一直受到重视

伟大的教育家、思想家、政治家孔子，以他丰富的学识，卓越的思想，众多的贡献，跻身世界文化名人前列。孔子办私学，希望培养出德才兼备的君子，参与到政治生活中去，以达到社会改良的目的。孔子认为，对国家来说，要"为国以礼"，没有礼，整个统治秩序就要分崩离析；对个人来说"不学礼，无以立"，一个人如果不懂得各种社会秩序，就不能在社会上立足。他主张："弟子入则孝，出则弟，谨而信，泛爱众，而亲仁，行有余力，则以学文。"他要求学生应该首先致力于道德修养，行有余力，然后才是学习文化，指出"其身正，不令而行；其身不正，虽令不从"。所以，在孔子的私学教育中，道德教育居于首要地位。《论语》中有很多内容都是关于孔子的道德教育思想，以及如何对学生进行道德教育。唐代著名思想家韩愈也说过："师者，所以传道受业解惑也。"教师的职责，首先在于"传道"。

2.思想政治教育是高等教育的生命线

马克思主义是科学的世界观和方法论，是我们正确认识和改造世界的强大思想武器。马克思主义是中国共产党的指导思想。中国共产党执政以来，坚持把马克思主义基本原理与中国革命具体实践相结合，走出了一条马克思主义中国化的道路。中国共产党从成立之日起，老一辈无产阶级革命家就十分重视思想政治教育，坚持理论创新和实践创新。

社会主义高等教育的性质及其发展规律，决定了学校教育必须高度重视学生的思想政治教育，思想政治教育是高等教育的生命线。任何削弱思想政治教育的主张和做法，都是司社会主义教育的性质相悖的，因而是完全错误的。社会主义教育的性质决定了思想政治教育在高等院校各项工作中处于首要地位。

（二）当代大学生思想政治教育是高等教育的重要组成部分

1.当代大学生思想政治教育是全面发展的重要组成部分

社会主义大学培养的人才，不仅要有丰富的专业知识和一定的业务能力，掌握本专业所需要的基础理论、基本知识和基本技能，能够独立地解决本专业的实际问题，还要有共产主义的理想、信念、道德等优秀品质，去从事经济建设和文化建设，创造高度的物质文明和精神文明。大学生毕业后将成为社会主义建设各条战线的骨干力量，在他们当中将会出现各行各业的专家学者，他们作为祖国建设的栋梁之材，肩负中华民族伟大复兴的重任。因此，大学生能否坚持德智体美全面发展，是关系着国家前途和命运的大事。

在人的全面发展中，德育、智育、体育和美育，既相对独立，又辩证统一。德育是全面发展教育的政治方向和根本保障，居于首位，是全面发展教育的核心，体育在全面发展教育中居于基础地位，美育是全面发展教育的重要内容。高校办得怎么样，首先要看培养出来的大学生是否合格，特别是思想政治素质是否合格。因此，我们必须毫不动摇地坚持德、智、体、美、劳全面发展，德育为先。高校要自觉地把思想政治教育摆在首位，使德育贯穿于教育教学全过程，教育大学生始终保持坚定的政治方向，使大学生忠于共产主义事业，热爱党和人民，具有爱国主义的民主精神和改革创新的时代精神，积极投身到现代化事业中，发挥聪明才智，为实现中华民族伟大复兴而努力奋斗。高等学校的思想政治教育应当担负起这一光荣而艰巨的使命。

2.当代大学生思想政治教育是贯彻党的教育方针的需要

教育方针是国家根据国情和社会发展的要求在一定历史时期所指定的教育工作总方向，是教育基本正常的总概括，是一切教育工作所应遵循的基本指针。教育方针是对不同社会政治、经济、文化特征的反应，是国家基本文化政策的核心构成。

我国的教育方针始终把德育放在教育工作的首位。德育在人才培养中发挥着导向性的作用，是社会主义教育的灵魂。特别是社会转型时期，人们的思想多元化、价值取向多元化，学校的德育工作面临着更加艰巨的任务和严峻的挑战。在高等学校中，大学生思维敏捷，正处于人生观、世界观、价值观形成的关键时期，高校德育工作对大学生成长成才影响重大，而教育方针的贯彻落实，需要思想政治教育的保驾护航。

（三）当代大学生思想政治教育是培养高素质创新人才的重要保证

大学生思想政治教育既是高等教育的一个重要组成部分，又是培养高素质创新人才的重要保证。这种保证作用，体现在很多方面。

1.政治保证作用

思想政治教育能够保证培养人才的工作沿着正确的政治方向进行。在高等学校为现代化建设培养人才的过程中，仍然存在着保持坚定正确的政治方向的问题。我国已经进入一个新的历史发展阶段，全党工作的重心已转移到社会主义现代化建设上来。然而形势的发展变化，并不意味着我们可以放弃政治方向、放松思想政治教育。当前我们的奋斗目标是建设社会主义现代化强国，我们必须坚持马列主义毛泽东思想，坚持共产党的领导，坚持中国特色社会主义理论体系，坚持走中国特色社会主义道路。我们培养出来的学生，必须是中国特色社会主义的坚信者和捍卫者。这就要求我们要清醒地认识到加强思想政治教育的重要意义。

经济全球化、信息网络化背景下，西方各种社会思潮不断涌入，加之人们的观念、生活方式等出现了一系列的变化，一些人逐步淡漠中国传统文化和民族精神，淡漠马克思主义信仰和价值取向，部分人出现了不同程度的思想迷惘，信仰危机开始产生。这为高等教育带来了严重的挑战。高校领导要从战略高度，充分认识新形势下做好思想政治教育工作的紧迫性、严峻性。思想政治教育对大学生要进行政治方向、政治立场、政治纪律、政治责任、政治敏感、政治鉴别力等方面的教育。这是大学生所肩负的历史使命和担负的历史责任所要求的。高校要坚持不懈地对大学生进行马克思列宁主义教育，用马克思列宁主义指导思想武装大学生的头脑，要积极引导大学生运用辩证唯物主义和历史唯物主义的立场、观点和方法来认识纷繁复杂的客观事物，提高大学生辨别是非的能力，使大学生在多种价值体系和多种信仰相互碰撞的社会环境中能够做出正确的价值判断和行为选择，帮助大学生树立社会主义理想，积极引导大学生坚定地走德才兼备的道路。

2.价值导向作用

价值导向指的是社会、群体或个人在自身的多种具体价值取向中将其中某种取向确定为主导的追求方向。对组织而言，价值导向是确定激励机制的基础，组织通过树立标杆、奖励绩优，来明确组织鼓励的行为，传递组织倡导的价值导向。学校培养人才的工作同其他工作一样，是通过人来进行的，特别是要依靠培养、教育的对象——学生自身的努力，才能顺利进行并获得成功。人是有思想的，人们"行为的一切动力，都一定要通过他的头脑，一定要转变成他的愿望和动机，只有这样才能使他们行动起来"。这种转变人的思想的工作，就是思想政治教育工作。不把广大学生的积极性、主动性和创造性调动起来，高校基本任务就不能完成。只有加强学生的思想政治教育，使党和人民对于大学生的殷切希望，变成他们自觉的行动，使他们真正理解时代赋予青年一代的历史使命和时代责任，积极地持久地进行实践，高校培养人才的任务才能实现。

《德意志意识形态》一书中明确指出："统治阶级的思想在每一时代都是占统治地位的思想。这就是说，一个阶级是社会上占统治地位的物质力量，同时也是社会上占统治地位的精神力量。支配着物质生产资料的阶级，同时也支配着精神生产资料，因此，那些没有精神生产资料的人的思想，一般地是隶属于这个阶级的。"思想政治教育与意识形态密切相连，思想政治教育要占领意识形态主阵地，就要有效利用思想政治教育传播主流意识形态，使主流社会意识形态成为社会全体成员的指导思想。社会主流意识形态能够在思想观念上保护一个国家在政治上和经济上的统治地位，维护政权的稳定，因而，每一个国家政权和社会制度都有自己的主流的社会意识形态。它是一定时期内一个社会占主导地位的意识形态，包括占统治地位的艺术思想、道德观念、政治法律思想、宗教观点和哲学观点。它具有高度的融合力、强大的传播力和非凡的感召力。但是，随着时代的进步，文化的变迁，经济基础的变化，社会主流意识形态会发生相应的变化。目前，社会意识形态呈现出多元化发展的特点，作为主流意识形态的社会主义意识形态必须在多元化价值之间维护自身的主导地位。在我国，大学生存在着信仰多元化和信仰危机现象，转型时期的思想政治教育对于大学生是至关重要的，把握信仰教育就是把握思想政治教育，这是大学生思想政治教育增强时效性的唯一可行的途径。今天，我们为实现中华民族的伟大复兴而培养大批德才兼备的人才，更应十分重视发挥思想政治教育的价值导向作用。

3.目标激励作用

目标激励就是通过目标的设置来激发人的动机、引导人的行为，使被管理者的个人目标与组织目标紧密地联系在一起，以激励被管理者的积极性、主动性和创造性。大学生思想政治教育是以促进大学生的全面发展为根本目的的。一方面，大学生思想政治教育的根本目的是促进大学生健康成长，不断满足大学生对全面发展的新需求，为大学生成长服务，帮助大学生树立正确的世界观、人生观、价值观和荣辱观，把他们培养成祖国需要的栋梁之材。另一方面，大学生思想政治教育，要坚持"三贴近、四创新"原则，即贴近实际、贴近生活、贴近学生，创新内容、创新形式、创新手段、创新方法，不断提高大学生思想政治教育的针对性、时效性和吸引力、感染力，最大限度地调动大学生的积极性、主动性和创造性。高校应不断探索新形势下大学生的思想特点和成长规律，秉承"成人、成才、成功"的育人理念，从政治上、思想上、工作上、生活上关心学生，切实解决大学生的实际困难与生活难题，以学生为本，一切为了学生，为了学生的一切，积极帮助家庭贫困的学生，不让一个学生因贫困而学业受到影响，为大学生努力学习创造条件、提供保障，发挥思想政治教育的目标激励作用，使我们的工作能够满足大学生的新需求。

（四）当代大学生思想政治教育是完成高校工作的重要手段

1.当代大学生的思想政治素质依靠思想政治教育来提高

大学生思想政治教育的作用，首先表现在它是提高大学生的思想政治素质的主要手段。这种作用是由大学生马克思主义世界观和共产主义道德形成的客观规律决定的。大学生的无产阶级世界观、政治观、人生观、道德观的形成过程，离不开人类认识发展的总规律，即实践、认识、再实践、再认识。马克思列宁主义是关于自然界和人类社会的完整的科学思想体系，对于大学生来说，这种思想体系不可能自发形成，它需要通过教育来建立产生。大学生的思想政治教育担负着用马克思列宁主义毛泽东思想教育青年，引导他们掌握马克思列宁主义科学世界观的任务。当然，学校各门学科的业务教学，也要根据各自的特点和教学要求，有机地进行马克思主义世界观的教育，但其不能代替思想政治教育独特的作用。

大学生的无产阶级世界观、人生观、价值观的形成，又是在学生思想意识内部矛盾斗争和转化的过程中实现的，思想政治教育在这里发挥着十分重要的作用。高校应不断深化思想政治理论课课程改革，积极稳妥地实施高校思想政治理论课新课程方案；积极推进马克思主义理论学科体系创新，努力把社会主义核心价值体系贯穿于教育教学和日常管理全过程；积极扩大先进典型人物的示范效应，着力构建具有时代精神和高校特色的校园文化；不断创新思想政治工作载体，挖掘新媒体视阈下思想政治教育功能，建立以文化育人的育人平台；充分发挥思想政治教育主阵地、主课堂、主渠道的作用，努力完善"三育人"机制，不断形成党委统一领导、党政齐抓共管、部门各负其责的工作合力。教育者应引导和帮助学生提高思想政治素质。思想政治教育说到底，就是用共产主义思想教育学生，抵制腐朽的资产阶级的和封建残余思想的影响，抵制各种错误思想的侵蚀，在这个过程中，逐步使学生树立无产阶级立场和观点。由此可见，思想政治教育工作肩负着"灵魂工程师"的职责。如果没有这样的工程师呕心沥血、辛勤培育，青年大学生的共产主义精神大厦是建筑不起来的。

2.当代大学生的学习热情依靠思想政治教育来调动

大学生思想政治教育的作用，表现在大学生学风的养成上依靠思想政治教育调动大学生学好专业知识的积极性、创造性，增强学生学习的意志力和毅力，使学生养成良好的学风，并且在专业学习和学术研究上给以科学的思想方法的指导。大学生的学风反映了学校办学思想和培养目标，其内涵是丰富的、多方面的。根据我国高等学校实践，良好学风的标志是"实事求是、勤奋学习、民主团结、不断进取"。这种学风是对辩证唯物主义思想方法和作风的体现，是思想活跃和严谨学风的统一。就是说，我们既要在青年大学生中提倡解放思想、发扬民主、勇于创新，真正营造生动活泼的政治氛围和民主的、浓厚的学术氛围，又要严格要求，严肃纪律，使学生养成勤奋学习、实事求是、遵纪守法的良好品德。这都需要思想政治教育发挥作用。

思想政治教育的作用表现在大学生树立正确的学习目的上，学习目标明确与否直接关系到大学生学业的成败。树立正确的学习观、明确学习目的，是大学生首先需要解决的问题。只有目的明确，大学生学习才会刻苦，才能取得优异的成绩。

今天新技术革命的浪潮推动着当代科学技术飞快发展。国际的较量就是科学技术实力的较量；国际的竞争，就是人才的竞争，智力的竞争。谁拥有众多的人才，谁就拥有科学技术的领先地位。我们要在21世纪实现中华民族伟大复兴，至关重要的一个问题，就是要培养出一大批具有坚定中国特色社会主义理想和信念、世界一流的科学家、学者、工程技术人员。在我国由于种种历史原因，科技队伍无论在数量上、质量上，还是在年龄结构上，都远远适应不了当今世界科学技术发展的需要，适应不了我国社会主义现代化建设事业的需要。当代大学生是继往开来的一代，正处在历史发展的关键时期，大学生素质的好坏，直接关系到中华民族的兴衰，社会主义事业的成败。时代赋予当代大

< 97 >

学生的历史重任，就是刻苦学习、早日成才，为实现中华民族伟大复兴贡献力量。思想政治教育要不断启发和鼓舞学生为社会主义祖国而学习，要使每一个学生都认识到我们所处的伟大的时代和我国当代的任务对大学生提出的要求，并把历史的要求转化为自己的愿望，自觉地把自己的学业同国家的命运、民族的前途和社会主义现代化事业紧密联系起来。有了这样的思想境界，大学生就会充分利用和珍惜党和人民创造的学习条件，抓紧时间，专心致志地攻读科学技术和文化知识，敢于藐视学习上的困难，克服艰难险阻，认真掌握建设社会主义的各种知识，并在科学上敢于超过前人，发挥创造才能。

优良的学风，顽强的毅力，是学好专业的必要条件。学习和研究的道路，并不是平坦笔直的，相反，它是充满着艰难险阻的。在科学上面是没有平坦的大路可走的，只有那在崎岖小路的攀登上不畏劳苦的人，才有希望到达光辉的顶点。要学好专业知识，还必须树立实事求是，理论联系实际，高度革命性和严格科学性相统一的学风。思想政治教育必须密切结合专业学习和学术研究，使大学生获得社会主义新时代大学生应有的胆略，对中国特色社会主义事业发挥出最大的积极性和创造革新精神。有了这样的学风和作风，我们的大学生才能在科学的道路上，产生巨大的勇气，非凡的毅力，坚韧不拔地攀登科学文化的高峰。科学的思想方法，是学好专业和从事学术研究的方法论基础。大学生思想政治教育，包括马克思列宁主义理论教育，它的一个重要作用就是要引导学生学习辩证唯物主义和历史唯物主义，形成科学的思想方法，培养他们运用马克思主义世界观和方法论去分析问题、解决问题。辩证唯物主义和历史唯物主义是人们认识世界和改造世界的思想武器，无论从事自然科学还是社会科学，研究的人员都要掌握它。恩格斯说过："一个民族想要站在科学的最高峰，就一刻也不能没有理论思维。""恰好辩证法对今天的自然科学来说是最重要的思维形式，因为只有它才能为自然界中所发生的发展过程，为自然界中的普遍联系，为从一个研究领域到另一个研究领域的过渡提供类比，并提供说明方法。"从这一方面说，思想政治教育可以帮助大学生掌握辩证唯物主义的观点方法，使大学生能在正确的思想路线下从事学习和研究，更快地成长。

3.学校的精神文明依靠思想政治教育来建设

思想政治教育是建设社会主义精神文明的重要手段。精神文明建设，包括思想道德建设和教育科学文化建设两个方面，蕴含在整个物质文明建设之中，体现在社会的经济、政治、文化、生活方方面面。思想道德建设是社会主义精神文明建设的核心内容，决定了精神文明建设的方向和性质，对科学文化建设和整个社会主义精神文明建设起着主导作用，在建设中国特色社会主义事业中居于十分重要的地位，是顺利推进我国经济发展的十分重要的思想保障、精神动力和智力支持。高等学校是培养高级建设人才、发展科学文化事业的重要基地，同时也是发展社会主义意识形态的重要部门，在社会主义精神文明建设中占有十分重要的地位。精神文明包括道德修养和科学文化两个方面，这两个方面的教育都是学校教育的基本任务。高等学校在精神文明的建设上，应当走在社会的前面。高等学校要努力加强马克思主义宣传，培养新一代人崇高的革命理想，树立优良的社会道德风尚，不断清除资产阶级思想，封建主义残余思想的影响，这是政治思想和伦理方面精神文明建设的重要内容。同时，高等学校要努力提高教学质量繁荣学术研究，开展丰富多彩的文化生活，提高学生的科学素养、文化素养和艺术素养。

学校建设社会主义精神文明的工作，贯穿政治生活、教学活动、学术研究、文化生活的一切领域，需要全校师生员工的共同努力，特别是要发动和依靠全体学生。在这里，学生思想政治教育工作担负着特别艰巨的任务。高校要不断地调动广大学生的自觉性，形成一个人人关心、处处注意的局面。精神文明的建设，固然要以社会主义物质文明的发展为基础，但也必须十分注意运用精神的力量，依靠表扬、批评与自我批评等方法，进行广泛深入的宣传教育，落到实处，持之以恒。高校可制订切实可行的计划，逐项组织落实，包括贯彻"大学生守则"，推行"大学生道德规范"等，使精神文明建设，渗透到各个领域，把各方面的积极因素都调动起来。

4.和谐的校园依靠思想政治教育来保障

（1）和谐校园的内涵

从哲学角度看，和谐指的是事物协调、均衡、有序的发展状态。和谐校园是一种以和衷共济、内和外顺、协调发展为核心的素质教育模式，是以校园为纽带的各种教育要素的整体优化的育人氛围，是学校教育各子系统及各要素间的协调运转，是学校教育与社会教育、家庭教育和谐发展的教育合力，是以学生发展、教师发展、学校发展为宗旨的整体效应。

（2）和谐校园的特征

第一，民主法治校园。民主法治是和谐校园最根本的指导原则和最重要的运作机制。民主法治是学校管理的重要手段，只有将法治观念的原则和运作机制引入学校事务治理的全过程，才能提高社会结构的协调性和社会发展的合理性。第二，公平正义校园。社会主义和谐社会是体现公平正义的社会，社会各方面的利益关系得到妥善协调。一个公平正义的校园意味着在良性机制下机会的平等、竞争的公平。在校园内，不论什么人，都应通过公平竞争，平等地获得自身的权益，实现学校与个人的共同发展。第三，诚信友爱校园。诚信友爱是构建大学和谐校园的道德基础。诚信友爱可以最大限度地减少校园生活中的各种内耗和摩擦，构筑良好的人际关系，从而有利于教师与学生的身心健康和事业、学业的成功，使学校的整体利益最大化，使人们在彼此信任和相互关爱中，像感受太阳光芒一样感受做人的价值和尊严，体验生活的美好和人生的幸福，甚至激发出无穷的创造力。第四，充满活力校园。校园活力主要来自学校成员、管理机构和机制的有效作用。只有改变那些影响和束缚活力的制度供给和政策设定，大力营造有利于创新的环境，使校园充满活力，才能充分调动教师和学生的积极性和创造性，才能使一切有利于教师、学生和学校进步的创造愿望得到尊重，创造活动得到支持，创造才能得到发挥，创造成果得到肯定。第五，安定有序校园。校园安定有序源于校园组织机制健全、管理完善、秩序良好、教职工队伍建设科学合理，更表现为校园内部的安全文明，校园不仅可以为教师、学生提供一个安定有保障的生活环境，人与人之间的各种交往在文明友善的环境中进行更易于与外部环境互动，发挥学校对社会的影响与教育功能。

（3）思想政治教育是和谐校园的保障

和谐稳定，是四个现代化建设的基本前提，关系到国家的命运和前途；是办好社会主义大学，提高教学质量和科学水平，培养德、智、体、美、劳全面发展的合格人才的首要前提。高等学校是否安定团结，对于社会的稳定影响极大。高等学校是知识分子集聚的场所，大学生又比较敏感，且具有一定的政治能力，因此高等学校安定团结、生动活泼的政治局面的不断巩固和发展，对于全社会将产生巨大的积极作用，能够促进全国的安定团结。我们必须十分重视维护高校安定团结。

思想政治教育是维护和发展安定团结政治局面的保证。首先，我们要不断提高学生对和谐校园建设重要意义的认识，使学生懂得没有一个和谐稳定的校园，就没有正常的教学秩序，就谈不上人才培养的质量，就没有国家的发展和繁荣；要通过思想政治教育，提高大学生维护校园和谐稳定局面的自觉性。其次，我们要通过思想政治教育，引导学生正确认识解放思想与坚持四项基本原则，正确认识民主与集中、民主与法治、自由与纪律的关系，抵制错误的社会思潮的影响，使和谐稳定的局面建立在不断提高的政治思想觉悟的基础上。

再次，我们要正确引导学生营造生动活泼的校园氛围。我们要通过思想政治教育工作，引导广大学生在党的领导下自己管理自己，在实际生活中学习社会主义民主，养成遵纪守法的习贯，努力造就一个既安定团结，又生动活泼的局面。最后，我们要主动地及时地发现学校中的不安定因素，积极运用思想政治教育的力量，消除不安定因素。培养大学生的危机意识，在日常工作实践中注重提高大学生的快速反应能力，这是对思想政治工作的及时性和有效性的体现。教育者要牢固树立快速高效和学生工作无小事的观念，在应对突发事件的实践中磨炼提高自身的政治判断力。思想政治教育要根据事件的情况，从全局大局出发，做好师生员工的思想引导工作；要依靠思想政治工作，根据党的方针政策，引导学生明辨是非，分清不同性质的矛盾，并满足学生的合理要求，不断改进思想政治工作。

二、能够运用各种教育方法应对高校突发事件

（一）理论教育法

理论教育法以马克思主义理论为依据，是我国思想政治教育的基本形式。在当今世界经济全球化、文化多元化、价值观互相冲击和碰撞的时代背景下，教育者应将马克思列宁主义、毛泽东思想、邓小平理论和"三个代表"重要思想、科学发展观以及习近平新时代中国特色社会主义思想传到受教育者的思想意识中，使其形成正确的世界观、人生观和价值观。

在突发事件的应对过程中，教育管理者应有针对性地对学生采取不同方式的思想政治教育，提高学生对突发问题的分析和解决的能力。高校中，在不同的教育阶段应进行不同的思想政治教育引导，如针对大一新生，应在放假前夕和刚开学时间段加强防盗、防骗教育；针对大四面临毕业就业的学生群体，则应加强就业辅导和职业规划的教育引导。高校可通过思想政治教育，增强学生的危机意识，提高学生应对危机的能力，从而有效预防突发事件的发生。

1.理论教育法的基本内涵

理论教育法是思想政治教育最常用、最基本的方法。理论教育法也叫理论灌输法或理论学习法，是有目的、有计划地向受教育者进行马克思主义理论教育，引导受教育者逐步树立科学的世界观、人生观、价值观的方法。简单地说就是通过基本原理、思想观念的传授、宣传进行教育的方法。这种方法具有组织性、规范性、持久性、显向性等特征。教育者通过灌输马克思主义理论，

不仅能够引起受教育者思想内部的矛盾运动，从而使其思想发生变化，而且能够督促受教育者积极地学习。

2.理论教育法的基本方式

（1）讲授讲解法

讲授讲解法是教育者通过口头语言向受教育者传授理论知识，解释政治和伦理概念，论证哲学和科学社会主义原理与道德原则，阐述思想变化发展规律的教育方法。最主要的表现形式就是目前我国高校普遍采用的"思想政治理论课"的形式，多用于向广大学生进行理论灌输教育。讲授讲解法的应用要注意以下几个原则。①注意讲授理论的透彻性和明确性。理论分析要彻底，只有这样才能抓住人的思想。②注意语言文字的使用艺术。一句话能使人笑起来，也可能使人跳起来，这就是语言文字的艺术。③防止填鸭式或注入式。教育者不要将社会思想政治品德要求和理论变成死记硬背的教条，在课堂上念完了事，填鸭式或注入式是理论教育法的死敌。

（2）理论学习法

理论学习法是人们通过有组织、有计划地集体学习或个人自觉学习来掌握马克思主义理论和党的路线、方针、政策的方法，是一种自我灌输的方法。理论学习法的应用很广泛，现今高校，更多的是采用在学生中设立"马克思主义读书研究会"的形式来使学生进行理论学习的。在企业中，更多的是采用培训班、召开座谈会、进行问卷调查等方式。在社区中，则适用创办阅览室、开培训班、开展知识竞赛等方式。理论学习法的应用原则：内容上要与实际挂钩。理论学习要与受教育者的思想实际和工作实际相结合，达到实际的效果。形式上要继承过去有效的传统办法，同时要结合实际开创新的学习方法，使理论学习能够运用最新的载体，结合最新的情况，解决最新的问题。

（3）宣传教育法

宣传教育法是运用大众传播媒介向人们灌输正确理论和先进思想的方法，是一种普遍灌输的方法，也是一种形象灌输的方法。宣传教育法主要运用于一定时期内党的中心工作、中心任务、基本路线的宣传教育和特殊时期受教育者群体的思想认识问题的解决，以及国际国内重大事件的分析、宣传等。宣传教育法应用的原则：宣传教育所使用的理论要能与当时党的实际、受教育者的实际紧密结合，做到有理有据；宣传教育所使用的形式是多种媒介的组合，而且是最佳的媒介组合；宣传教育内容必须是事实，不能凭空讲理论、讲概念。

（4）理论培训法

理论培训法是通过办培训班、讲习班来学习理论的一种方法。思想政治教育方面的理论培训，就是围绕某一专题，确定理论学习内容，联系实际，以自学为主，进行必要的辅导，组织讨论和交流活动，来达到提高和统一思想认识的目的。因此，这种方法是一种综合灌输的方法。使用理论培训法应遵循两个基本原则：一是要有明确的培训目的；二是要制定目标和制度，保证培训效果。

（5）理论研讨法

理论研讨法是采用研究、探讨的方式来进行理论学习、理论教育的方法。即先由受教育者分别独立围绕某一特定的专题或问题进行学习，通过参考资料、开展研究并得出结论或形式研究成果，然后大家集中起来，召开研讨会，发表各自见解，进行成果交流。理论研讨法一般通过社会重大思想热点、难点问题的决策咨询而起作用，在某种程度上类似管理学上的"专家咨询法"，其遵循的是理论研究的科学规律。

（二）榜样示范和批评教育法

榜样示范法是教育者以他人的高尚思想、模范行为和卓越成就影响学生，促使其形成优良品德的方法。这种方法的特点是把抽象的道德规范和高深的政治思想原理具体化、人格化，以生动具体的典型形象影响学生，使教育有很强的吸引力、说服力和感染力。榜样是无声的语言，而这种无声的语言往往比有声的语言更有力量。青少年学生的可塑性大，模仿性强，有了生动具体的形象作为榜样，更容易具体地领会道德标准和行为规范，容易受到感染，容易随着学、跟着走。这样就有利于他们养成良好的思想道德品质和行为习惯。

教师在运用榜样示范法进行教育的过程中，要选择有教育意义，又切合学生实际的典型人物或事例。对学生影响较大的榜样有三种：第一，伟人和英雄模范人物。伟人和英雄模范人物的生平事迹和所建立的光辉业绩是具体、生动、形象的教育材料，学生学习以后，不但会产生敬爱之情，而且会以此为榜样照着去做。例如，学了雷锋的事迹后，学生都争着向雷锋学习做好事，这样就形成了争相为人民服务的好风尚。第二，教师本人。教师在学生心目中有崇高的地位，教师的一言一行都在潜移默化地影响着学生。因此，教师一定要严格要求自己，言行要符合社会的道德规范，用美的语言、美的行为、美的心灵来影响教育学生、培养学生良好的品质。第三，同伴。同伴与学生的年龄相近，他们中间出现的好榜样或有教育意义的事例更易被学生接受，特别是与学生日常生活比较接近的那些平凡小事，它们的感染力更强。所以，教师要注意表扬学生中的好人、好事，树立良好的学习榜样。

为充分有效地发挥榜样的教育作用，要遵循以下几个原则。首先，榜样必须真实可信。学校在宣传榜样的事迹时，不能人为地夸大、拔高，不能提供一些不食人间烟火、没有七情六欲的"高""大""全"式的人物形象，要客观地、全面地展示其成长过程，要如实地反映其真正具有的高尚的思想品德。只有这样，才能比较客观地树立起学生心悦诚服的榜样，也不会使学生感到高不可攀。其次，帮助学生缩短角色距离。教育者要善于找到榜样和学生之间沟通的联结点，把学习榜样与学生日常生活联系起来并转化为学生的实际行动。除此之外，为了缩短学生与榜样之间的心理距离，还要尽可能地在学生身边寻找学习的榜样。学习榜样贵在启发、自觉，决不能依赖行政手段强制执行。最后，促使榜样成为学生自律的力量。在学习榜样时，应着眼于把榜样从一种他律的力量转化为学生自律的力量，从外在的约束力转化为内在的动力。为此，一方面，学校要善于激起学生对榜样的敬慕之情，只有使他们在心灵深处对所学习的榜样产生爱慕、敬佩之情，才能使外在的学习榜样转化为学生心目中的榜样；另一方面，学校要经常组织学生讨论，通过讨论和评价，帮助学生深刻地把握榜样的思想言行及其社会意义和价值，加深他们对榜样的认识理解，从而使学生实现自我教育和自我提高。

在思想政治教育中，树立榜样的方式能真实形象地对学生群体进行合理引导，以榜样群体切实经历的突发事件现身说法，可增强学生的带入感和参与感，不仅使经历者不再迷茫无助，也能培养其他学生积极向上的信念和走出困境的决心。学校可运用榜样的无穷力量为学生树立模范典型。学校应第一时间表彰在突发事件中有突出贡献的个人或集体，组织学生学习，调动学生学习的积极性，激发其奋发向上的动力。榜样示范法不论是在突发事件发生时还是在结束以后，都有不可估量的积极影响力。相反的，有榜样示范就有批评教育，批评教育主要是针对学校出现的不良现象和错误行为采取的一种思想政治教育方法。突发事件发生前，及时有效地批评教育具有错误思想和行为的个别人能在一定程度上预防不良事件的发生；而在事件发生时采用批评教育的方式可避免错误思想的传播和错误行为的效仿；突发事件发生以后，对个别学生的错误行为及时进行批评教育，可帮助其认识自身错误和不足之处，同时对其余学生也可起到警示作用。

批评是纠正错误的基本方法之一，它主要用来指出缺点错误，总结经验教训。批评教育要求教育者做到如下三点：一是要从团结的愿望出发，帮助人、教育人；二是要摆事实、讲道理、入情入理，热情诚恳地帮助犯错误者划清正确与错误的界限，认清错误的危害，找出犯错误的根源，促其改正；三是要讲求方式方法和地点场合，要因人而异、因事而异、因地而异，要和风细雨、灵活多样。

批评的方式方法如何，对于批评效果具有很重要的影响。为了增强批评的正面效果，教育者可尝试如下几种批评方式。

1.发问式批评

教育者面对的对象如果是性格内向、善于思考、各方面都比较成熟，且有一定思考接受能力的人，就不妨用发问的方式，把批评信息传递给他们，促其醒悟，使其在思考中认识和改正错误。

2.参照式批评

教育者面对的对象如果是理智感弱、易受感化、经历较浅、盲目性大、自我意识较差的人，就不妨借助其他人的经验教训，运用暗示和对比的方法把批评信息传递给他们，使其在与参照物的对比下看到自己的问题。

3.商讨式批评

教育者面对的对象如果是脾气暴躁、反应敏感、否定心理表现明显的人，就不妨以商量的口气，摆出问题，指出错误，消除其对抗心理，使他们在商讨中明白道理，改正错误。

4.直接式批评

教育者面对的对象如果是性格开朗、乐于接受批评的人，或是思想基础较差，不肯轻易承认错误的人，就不妨开门见山、直截了当地指出错误，使他们正视错误，形成改正错误的决心。

5.渐进式批评

教育者面对的对象如果是自尊心较强、错误缺点较多的人就不妨按问题分层次地逐步透出批评信息，由浅入深，从轻到重，逐步使其认识错误。

6.触动式批评

教育者面对的对象如果是错误较重、依赖心理较强或怀有侥幸心理的人，就不妨以严峻的态度、激烈的语调、尖锐的言辞，单刀直入地指出问题及其症结所在。这种正面交锋式的批评刺激性大，易激化矛盾，故运用时须注意以情触动，且要慎重。

此外，批评若不与自我批评结合，效果就不会很好，所以在批评过程中，我们还必须注意启发受教育者进行自我批评，以增大触动的强度和认识的深度。在实践中，表扬与批评像一对孪生姊妹，总是形影不离、交相使用的，教育者要恰当地使用它们。

（三）新媒体育人法

随着物质水平和精神水平的不断提高，单一地接收信息的方式越来越无法满足受众的需要，于是在经历了报纸、广播、电视的发展创新以后，互联网以其文字、音频、视频复合型的"富媒体"传播形式，引领着传播媒体进入了崭新的发展阶段。新媒体以其多样、快捷的诸多优势占领着现代人生活的制高点，给人们的生活带来了深刻的影响。其中，使用新媒体最为广泛、活跃的人群之一便是大学生，他们有青春活力，他们朝气蓬勃，他们的世界观、人生观、价值观最终形成的重要阶段就是这个阶段——大学阶段。大学生对各种新鲜事物都充满了好奇心，不断地探索、追求新事物，并且具有相应的接受新事物的能力，于是新媒体的使用便对大学生的日常生活、伦理道德、法治观念等方面产生了重大而深远的影响。

在形式多样的新媒体中，互联网技术和手机媒体技术成为当下对大学生生活影响最大的两种新媒体，它们是以数字化为代表的新媒体的领军者，大学生则成了领军者中的最先体验者，它们在给大学生的学习方式、交往方式带来新的冲击时，也使其整个受教育的过程被新媒体时代冠名。新媒体的诸多特点，如开放性、自由性和互动性等，使生活在其中的青年一代的生活和学习发生了翻天覆地的变化。

大学生政治思想的形成，一般与他们所能接收到的信息有直接关系，这些信息有的来自书本，有的来自媒体。在我国，任何人从入学那一天起，接受的都是马克思主义教育，长期的学习过程使他们接受马克思列宁主义，并用马克思主义的立场、观点和方法解决问题。在新媒体环境中，各种各样的政治学说、政治观点纷至沓来，在开阔大学生视野的同时，也对大学生长期培养起来的政治立场提出了挑战。

新媒体的发展伴随着大学生的成长，大学生成长的过程中出现了形形色色的主义、思想和信仰，它们打破了马克思主义政治信仰的"一元化"局面，使大学生在世界观、人生观、价值观形成的重要阶段产生了政治信仰的分化，这种分化最主要的表现为共产主义信仰的弱化。共产主义信仰是我国社会的主流意识形态，主要以说教的形式向学生讲授，单调的传播方式容易使一部分大学生对主流意识形态感到反感，反而去追求新鲜、陌生的思想，并将其作为政治信仰，如物质主义、拜金主义、功利主义、享乐主义等。对于大学生来说，新媒体被使用最多的功能便是娱乐，无限的资源、海量的信息让大学生沉醉其中，乐此不疲，如不同种类的聊天工具、数字咨询、网络游戏等，它们占据了大学生大部分的日常生活，结果导致大学生政治敏锐性降低、政治热情下降。因此使用新媒体要坚持适度原则，不要让其成为危害大学生的幕后推手。

三、高校思政队伍是强有力的保障

近些年各大高校随着新时期社会的变化发展也在不断地改革进步，也在逐渐加强教师队伍的建设，注重教师培养教育。学校把师德师风和政治素质作为教师必备的条件，严格要求教师，以教师个人所具有的高尚师德、丰富学识和严谨的治学态度、健全的人格引导大学生全面发展、勤奋学习、追求卓越，帮助大学生树立科学的人生观、价值观、世界观，并顺利完成学业。从学业到生活，真正实现对大学生给予思想上引导、学习上指导、心理上疏导的教育职能。真正打造一支师德高尚、学术造诣深、作风过硬的教师队伍，在面临高校突发事件的时候，事前事后都能科学有效地应对，真正做到教书与育人的交叉渗透、有机统一。学校从党委书记、各院校团委书记到各班辅导员及班级干部都责任具体化，时刻观察、时刻思考、时刻总结，做好预案，一旦出现突发事件，不慌不忙，有条有理科学应对。学校定期进行干部素质能力的专题培训，形成一支团结拼搏、积极进取、锐意创新、攻坚克难的干部队伍。这是应对高校突发事件的强有力的思政队伍保障。工欲善其事，必先利其器。要做好突发事件应对工作，就必须加强队伍建设。

（一）要健全队伍，确保"有人做事"

1.健全专家队伍

在应对高校突发事件工作中，要建立健全专家咨询制度，充分听取专家的意见，发挥专家学者在高校突发事件应对工作中信息研判、决策咨询、专业救助、事后评估等各方面的重要作用。

2.健全专业队伍

学校要建立健全由学生处、保卫处和后勤职能部门等组成的高素质专业队伍，在应对突发事件中确保这支队伍在关键时刻拉得出、用得上，为应对突发事件提供强有力的保障。

3.健全基层队伍

学校要发挥高校辅导员、班主任在应对突发事件中的作用，高校辅导员、班主任作为教师队伍的重要组成部分，最能及时掌握第一手信息，最能把握学生的思想情绪，最能了解学生的需求，最能贴近学生的生活。高校要认真落实党中央关于加强辅导员建设的各项政策，像重视业务学术骨干那样重视辅导员的选拔培养，像关心业务学术骨干那样关心辅导员的成长，最大限度地调动他们的积极性和主动性，要教育辅导员认清使命，加强专业修养，提高自身素质，努力成为大学生的挚友、学生工作的能手、思想政治教育的专家。

高校辅导员队伍在思想政治教育工作中的作用有以下几个方面：

①摄像头。高校辅导员与学生直接接触，接触面广、时间长，对学生情况掌握和了解最多，能及时捕捉到学生的信息，准确把握学生的思想动向。

②预防针。预防为主，教育为本。高校辅导员要加强对学生的教育，提高他们的思想认识水平，做好各项工作，消除引发突发事件的诱因，为学生成长成才创造良好的育人环境。

③镇静剂。高校突发事件发生之后，辅导员要第一时间到达现场开展工作，迅速了解情况，稳定学生的情绪，做好学生工作，管好自己的人，牢牢控制事态的发展。

④润滑剂。高校辅导员在应对突发事件的过程中，要讲究艺术，因案施策，既不能样样依学生，也不能和学生闹对立矛盾，而是晓之以理，动之以情，有效化解矛盾，为事件及时、合理地解决创造条件。

⑤创可贴。高校突发事件过后，学生作为主体会受到影响，往往会产生心理问题，这会影响学生的情绪，从而产生不安定因素。高校辅导员要及时与这部分学生进行沟通，防止出现新的意外。

⑥定海针。高校辅导员要成为学生"精神上的领袖"，突发事件发生后，要通过自身的言行给学生传递积极的信号，帮助他们树立信心。

⑦主心骨。高校辅导员是与学生接触最密切的人，也是学生最信任的人。面对高校突发事件，辅导员要冷静沉着、处置得当、引导得好、控制有力，使自己成为学生的主心骨。

⑧发令枪。高校辅导员平常要对学生有爱，要关爱学生，树立威信。在突发事件发生后，辅导员要充分运用自己的权利和威信，只要一声令下，学生能够听从指挥。

⑨缓冲器。高校发生群体性冲突事件时，辅导员的特殊地位，往往能起到承上启下、协调左右的作用。

⑩减压阀。由于辅导员是与学生最亲近的人，他们也最易得到学生的信任，一遇到突发事件，特别是政治性的群体性事件，辅导员在学生中往往能起到表达学生利益诉求、发泄不满情绪的减压阀作用。

（二）要加强学习，确保"有效做事"

加强学习，是提升思想政治教育效果的基础，也是做好应对突发事件工作的前提，新形势下要加强大学生思想政治教育，首要的任务就是要抓学习。有人说，大学的天空写满了"学"字，一小时为"学时"，半年为"学期"，一年为"学年"，教师叫"学者"，同学间叫"学哥""学妹"。学生钱为学所花，时为学所用，学习需要时间。时间是一个最稀缺的元素，时间是无法积累的，它的供应是有限的，大学生要挤时间学。天下第一等好事是读书，广大教师要对学生进行理想信念教育、安全法制教育、心理健康教育、挫折教育、谦让教育以及当前要开展的防毒品、防恐反恐等各种各样教育，需要包罗万象的知识，不一定很专，但必须有一定的知识面。

现在有些教师与学生对话的能力很弱，特别是面对一"网"打尽的高科技社会，教师必须充分利用高科技，充分利用互联网开展思想政治教育和安全稳定工作。如现在学生习惯用微信聊天，教师要掌握和运用这方面的技术，利用微信与学生聊天，掌握学生思想动态，并加以正确引导。只要学生喜欢运用的高科技形式，教师就要学会。这需要教师去追求新的知识，获得比学生更多的新知识，只有这样教师才能去教育他们，教师说的话才有说服力。因此，勤学习是教师工作的第一需要。教师要把教育工作作为一门学问来做，作为一项事业来做，作为一项追求来做，认真研究，以研究来推动教育事业的发展，以研究来提高教育水平。

（三）要深入基层，确保"务实做事"

教师要沉到学生中去，要融入学生当中。有多个理由要求教师必须沉下去。第一，沉下去是和大学生交朋友、及时掌握信息的需要。有的信息需要到班干部和骨干学生中去了解，有的信息需要通过和广大学生交朋友才能了解。教师不仅要和少数骨干学生交朋友，还要和广大学生交朋友，贴近学生的生活，了解学生的需求。有的教师不注意和广大学生交朋友，有时发生的事情，学校领导知道了，辅导员自己还不知道。第二，沉下去是了解、发现和弘扬大学生感人事迹的需要。大学生中有许多自强不息、不畏艰辛、勇挑重担、勤奋学习、立志成才的先进典型，辅导员要善于发现。第三，沉下去是了解和掌握大学生先进思想的需要。大学生当中拥有着许多健康向上、取之不尽的思想养料，教师需要去认真汲取。第四，沉下去是了解、发现和解决大学生困难的需要。大学生中存在的学习困难、经济困难、情感困难、人际交往困难，需要教师去了解，需要教师去解决，教师应使学生思想上解惑，经济上解困，文化上解渴，心理上解压。

（四）要服务学生，确保"多做好事"

学生是学校的主体，没有学生，哪有教师。现在社会的一个重要理念就是服务第一，你服务得越多越好，说明你越有价值，越有水平。教师不能把学生看作消极的管理对象，而是要为学生的发展提供良好的发展环境。我们要为学生成长成才服务，要体现爱心、责任心。课程设计要有利于培养学生的创新能力，为学生的发展服务。服务学生最起码要掌握以下三条内容：第一，要把学生的名字和人对上号，这点看起来很简单，真做起来很难，要努力去做；第二，要有学生和学生家庭的电话，一旦有突发事件要能及时联系到人，并要把自己的电话号码告诉学生家长，保证家长有事能及时联系到学校；第三，要慎重处理犯错误的学生，要坚持思想教育从严、组织处理从宽的原则，对犯错误的学生如从严处理，把他推向社会，有可能毁了他的一生，也有可能使他从此仇恨社会，教师要从关爱学生出发，处理学生一定要慎重、慎重再慎重。

第四章　思想政治教育在应对高校突发事件中发挥的作用

第一节　高校突发事件事前思想政治教育的预警作用

一、突发事件预警内涵

预警一词，据考证，最早源于军事，也最常用于军事，原指通过预警提前发现、分析和判断敌人的进攻信号，并把这种进攻信号报告给指挥部门，以提前采取应对措施。后来人们把这个词逐步应用到政治、经济、社会、自然等多个领域。现代社会主要的预警是由政府来完成的，就是政府根据本国有关突发事件过去和现在的数据、情报，运用逻辑推理和科学预测的方法，对某些突发事件出现的约束性条件、未来发展趋势和演变规律等做出估计与推断，以便及时采取应对策略，并发出确切的警示信号或信息，使公众提前了解事态发展的状态，防止或消除不利后果的一系列活动。

预警理念是东方管理哲学的精髓，预警管理是一种管理思想，散见于我国古代各类文籍中，如"凡事预则立，不预则废"，强调了"预"的重要性；"未雨绸缪、防患未然""防微杜渐""深谋远虑""有备无患"等说明了日常管理必须具有的预警管理理念及预警管理目的。"千里之堤，溃于蚁穴"则从反向效果说明了不具备预警管理理念、不进行预警管理的严重后果。可以说，古典的东方预警管理思想为现代预警管理学科理论大厦的建设奠定了良好的基础。然而研究结巺表明，国内预警管理理念尚未普及，尤其在社会管理领域。

（一）突发事件预警的界定

公共突发事件的预警，指的是应急管理者运用逻辑推理和科学预测的技术分析本国或本地区有关突发事件过去和现在的数据、情报，对突发事件呈现的约束性条件、演变规律和未来发展的趋势进行科学的评估和推断，并且用准确的警示信号，让政府和民众及时采取措施来防止和消除突发事件危害的发生的一种行为。同样，在高校突发事件的管理中，预警也是必不可少的环节与机制。如果能够将突发事件发生的根源及时消除在事件发生之前，那么，均衡的社会秩序就能得到有效保障，这就会为我们节约大量的人力、物力和财力。戴维·奥斯本和特德·盖布勒也认为："政府管理的目的是使用少量钱预防，而不是花大量钱治疗。"与高校突发事件过程其他阶段相比而言，突发事件事前预警是一种既经济又简便的方法，只是我们在日常的高校突发事件管理活动中未对其给予足够的重视。

（二）突发事件预警的特征

1.快速性

快速性，即突发事件预警体系的第一要务就是建立灵敏快速的信息搜集、信息传递、信息处理、信息识别和信息发布系统，这一系统的任何一个环节都必须建立在"快速"的基础上，失去了快速性，突发事件预警机制就失去了意义。因为突发事件预警尚未发出，突发事件很可能已经大规模爆发，根本来不及发布突发事件预警警报，也不可能实施预控。突发事件预警这个"报警器"就没有发挥任何作用。

2.准确性

现代社会的信息复杂多变，突发事件预警不仅要求快速搜集和处理信息，更重要的是要对复杂多变的信息做出准确的判断。判断是否正确，关系到整个突发事件预警和应急管理的成败。要在短时间内对复杂的信息做出正确判断，必须事先针对各种突发事件制定出科学、实用的信息判断标准和确认程序，并严格按照制定的标准和程序进行判断，避免信息判断及其过程的随意性。

3.公开性

公开性，即突发事件信息一经确认，就必须客观、如实地向社会公开发布信息。因为战胜突发事件需要动员全社会的力量，隐瞒突发事件信息，社会上必然出现小道消息满天飞的现象，无法形成政府和社会的良性互动，其后果是政府的形象会受到损害，民众的非理性行为反而会受到变相鼓励。

二、思想政治教育预警作用的发挥

思想是行为的先导，任何偶然都存在于必然之中。及时准确的思想预警不仅能够提高思想政治工作的主动性和科学性，而且能够未雨绸缪，引导社会防范危机。

任何事物的发生都具有必然性和偶然性。从表面来看，突发事件以偶然性的形式表现出来，但从本质分析，它又具有必然性和客观性，从这个意义上说，突发事件是可以预警的。思想政治教育的预警作用就是通过思想政治教育工作者在平时的调查研究和分析中，透过现象把握本质，对未来某一种或几种不能确定的情况做出符合事物发展规律的判断来发挥的。首先，任何突发性事件的发生，都有各种各样的原因，都是各种利益冲突相互作用的结果，高校应当加强对学生的形势与政策教育，培养学生敏锐的观察能力，使其能够对当今社会的热点问题做出正确的分析判断，这样高校才能做好预防和应对突发事件的准备。其次，历史唯物主义告诉我们：人们活动的思想动机，总是这样或那样地、直接或间接地受物质生活利益的制约并为之所决定；人们的最根本的思想动机是人们的物质生活利益。因此，在应对突发事件的过程中，学校应该及时把握出现的这样那样的矛盾，对事态的发展和学生思想可能出现的问题及时做出前瞻性预测，将问题解决在萌芽中。突发事件前的思想动态预警，能够使思想政治工作取得更好的效果，为高校处理突发事件的科学决策和协调运作提供依据和保障。

三、思想政治教育构建高校突发事件预警机制

（一）突发事件预警机制

机制，其本义是机器运转过程中各个零部件之间的相互联系、互为因果的连接关系及运作方式。后来被用于指一个工作系统的组织和部门之间相互作用的过程。现在常用来指有机体或其他自然和人造系统内诸要素的构成、相互作用的方式和条件，以及系统与环境之间通过物质、能量和信息交换所产生的双向作用。它是组织和部门能够有效运作以至完成任务的保证。

1.对突发事件预警机制的界定

突发事件预警机制，指的是能灵敏、准确地昭示风险前兆，并能及时提供警示的机构、制度、举措等。其作用在于发出有关社会运行状况的信号，告

知人们社会已经或即将出现无序现象，以期引起社会管理者和社会公众的注意，及时制定对策，防风险于未然。

预警机制是政府突发事件管理的基础和前哨，是社会稳定和发展的指示器，也是突发事件爆发前控制事态的组织和技术体系。作为突发事件管理的第一道防线，预警机制是全部突发事件管理过程的重要和首要组成部分，而进行科学的突发事件预警机制设计与指标体系构建，需要坚实的理论支撑，明确的预警指标导向，完备高效的预警组织机构，严格的预警管理要求。①要通过建立预警监测网络，全面开展突发事件的监测工作。监测是预警、应急的基础，加强突发事件监测是建立预警、应急机制的关键手段。②要制定预测信息管理制度，开展预测预报工作。预测信息必须及时、客观、全面、真实、稳定、连续、完整，保证信息网络的畅通。③要设置突发事件的阈值，对突发事件进行分级管理。④要制定应急预案。应急预案是突发事件预警机制的重要组成部分，它的总目标是控制紧急情况的发展并尽可能消除突发事件，从而最大限度地减少突发事件的发生对公众的生命财产安全造成的损害。

建立突发事件预警机制要注意以下几项内容：①要不断优化和规范预警指标体系，既要防止"报虚警"，又要避免"到点不跳闸"的现象发生；②对于反复发生的突发事件，应组织应急演练，提前做好精神、物资、技术等多方面的准备，一旦预警发生，就应迅速行动；③要进行定期和不定期相结合的情报分析预测，并将结果及时报送有关部门，使各级政府部门能够果断决策、从容应对；④应鼓励公众参与预警体系的数据采集和信息提供，并通过得力的激励措施，使预警体系发挥更加重要的作用；⑤应加强预测预警信息管理，对各类危险信息进行综合分析，建立风险预测分析模型，识别风险等级，并提前发布可能的灾害预警信息。

2.突发事件预警机制的重要性

大量事实表明，发出预警信号，是减少损失最有效的方法。有些灾害，如洪涝灾害，人们虽然只能通过引洪、泄洪、改道等办法来部分控制灾害的破坏性，但是发出预警信号，让人们避开危险地区，仍然是减少损失的有效方法。因此，突发事件预警在对突发事件进行预控、减少突发事件损失、防止突发事件影响扩大或升级等方面有着不可替代的作用。由于突发事件具有突发性、紧急性和高度的不稳定性，加之突发事件的先兆可能很微小，很不容易察觉，很容易被忽略，因此，突发事件预警工作难度很大。有时候，可能是突发事件征兆出现的频率很高，以致麻痹了人们的神经，未能引起人们重视；也可能是从突发事件先兆出现到突发事件爆发的时间很短，有关部门来不及做出反应；还可能是预报不准确造成损失。这给从事预警预报工作的工作人员带来巨大的压力。可见，做好预警工作十分重要，但难度也非常大。

预警工作人员准确捕捉突发事件的征兆，并从这些征兆中预测到突发事件可能发生，迅速做出反应，对可能爆发的突发事件采取预控措施。同时，他们应按照法定程序，对公众，或者对特殊群体发布突发事件的有关信息，引起公众的警觉，这是降低突发事件导致的损失，防止突发事件演变为惨剧的关键。

3.建立预警机制的目的和作用

科学的突发事件预警机制是应对突发事件、战胜突发事件的法宝。有很多灾害，尤其是自然灾害，人类至今还不能对其进行有效的控制，如地震、海啸、台风等。但是，人类可以对突发事件进行控制，对突发事件造成的损失进行控制。人们控制突发事件，减少损失的主要方法就是采取"防"和"避"相结合的方法，例如，人们为了减少地震造成的损失，修建抗震的建筑，同时，人们利用不断改进的技术对地震进行监测，对即将发生的地震进行预报，人们知道了要发生地震，就会在政府和专业人士指导下采取有效措施来规避危险。

建立突发事件预警机制的目的有两个：一是及时搜集和发现突发事件信息，对搜集到的信息进行快速分析处理，然后根据科学的信息判断标准和信息确认程序对爆发突发事件的可能性做出准确的预测和判断；二是及时向公众发布突发事件可能爆发或即将爆发的信息，以引起有关人员或全社会的警惕。

（二）高校突发事件预警机制的概念

预防是校园突发事件应急管理的第一阶段，是应对突发事件的基础，目的是有效地避免突发事件发生。有效地预防可以把可能引起突发事件的因素消灭在萌芽状态，提高师生应对突发事件的能力，避免或最大限度地减轻危机发生所带来的危害。

思想政治教育对高校突发事件的预警，就是对大学生中可能出现的、引起突发事件的思想动态及其负面效应进行预测，在预测的基础上提出思想预控措施，防止高校突发事件出现。高校危机预警机制就是对当前国家和社会的运行状态进行分析，对校园不稳定因素进行系统评估，对各类潜在的威胁、危害进行预防和警示，并分析和判断各种影响因素综合发挥作用的状况，以及各要素系统自身运行的状况等，制定具有较强针对性的措施。

（三）高校突发事件预警机制构建的主要路径

建立完善的高校突发事件事前预警机制是思想政治教育预警的重要措施，笔者认为思想政治教育事前预警机制的构建可以从以下两个方面进行。

1.建立现代化的思想政治教育预警监测机制

思想政治教育的预警监测机制指的是思想政治教育工作者通过一定手段，经过事先缜密的调研和分析，对将来可能出现的情况做出符合事物发展规律的推断和预测的过程。高校突发事件具有偶然性和突发性的特点，但是在其偶然性的背后也隐藏着必然性。因此，高校突发事件是有其发生、演变、发展的规律的，在一定的条件下是可以被我们所预测和防范的。首先，高校突发事件的发生与自然环境、社会环境，以及国内外政治形势、学校和个人本身的文化素质密不可分。高校突发事件是矛盾从量变到质变的结果，思想政治教育可以根据社会发展的形势、学生关注的热点问题做出理性判断，促进高校管理层做出应对突发事件的准备。其次，人们的思想根据利益的变化而变化，历史唯物主义认为："人们的思想动机总是或多或少、或直接或间接地受其物质生活利益的制约，物质生活利益是人们一切思想动机最根本的动因。"因此，思想政治教育预警监测机制就可以根据学生思想的变化情况，预测他们思想的发展变化，以此预防高校突发事件的发生。

为了使思想政治教育预测突发事件的作用得到充分的发挥，就必须建立现代化的思想政治教育预警监测机制。首先，建立信息收集和分析平台，准确把握各个学生团体和个人的思想动向、发展倾向和趋势，及时制定和调整工作计划和思路，有效地提高学校对于突发事件的反应能力，完善应急机制。高校应加强敏感期稳定情况调研，密切跟踪学生关注的热点话题，排查涉及全局性的矛盾，及时化解各类涉及稳定的矛盾、纠纷。其次，高校突发事件的预测工作要从基层做起。思想政治教育工作者可深入学生中去通过宿舍管理、资助工作、日常管理及其他学生事务，掌握学生的思想动态和事件的发展变化，争取把矛盾扼杀在摇篮里。最后，建立健全的应对突发事件的组织机构，加强各组织部门之间的协调配合，在相互配合中充分调动学校师生员工参与应对突发事件的积极性和创造性。

2.建立完善的思想政治教育预警教育机制

思想政治教育预警教育机制指的是思想政治教育工作者通过一定的方法，选择恰当的思想政治教育内容，对受教育者进行教育的过程。完善和优化思想政治教育预警教育机制主要从以下几个方面进行。

（1）提高思想政治教育者的素质

教育者必须具有教育者应有的素质。如果教育者不具备教育者应有的素质，只能使教育的系统功能丧失，因此，高校必须提高教育者自身的素质，使其向专家化的方向发展。一个合格的思想政治教育工作者，必须具有以下素质：

①政治素质。政治素质是思想政治教育工作者最基本的素质，关系思想政治教育的方向。政治素质主要包括政治立场、政治品德、政治水平和政策水平等四个方面。

第一，政治立场。所谓政治立场，就是一个人在观察和处理问题时，所处的根本地位和所持的根本态度。对于广大思想政治教育工作者来说，就是要站在无产阶级和广大人民群众的立场上，同党中央在思想和行动上保持一致。只有拥有鲜明的政治立场，思想政治教育工作者才能有坚定的共产主义信念，保持清醒的头脑，坚定不移地对人民群众进行坚持党的基本路线教育，抵制形形色色封建主义和资本主义思想的侵蚀，并且不论处在何种艰难困苦的条件下，都能满怀信心、毫不动摇。

第二，政治品德。所谓政治品德，就是表现在政治问题上的道德品质。主要是忠于党、忠于人民、忠于社会主义祖国；坚持对党负责和对人民群众负责的一致性；追求真理、坚持真理和服从真理；实事求是，坚持原则；公而忘私、襟怀坦白、光明磊落、言行一致、表里如一。思想政治教育工作者的政治品德极为重要，言行一致、以身作则的行为是一种无声的命令，具有巨大的感化力和号召力。思想政治教育工作者要想带领学生一道前进，必须成为学生信赖的人。

第三，政治水平。所谓政治水平，主要指政治上分辨是非的能力、政治敏锐性以及善于从实际出发正确处理各种政治问题的能力等。政治水平是政治觉悟、马克思主义理论水平与政治经验相结合的产物。马克思主义理论水平越高、政治经验越丰富，政治水平越高。只有具备较高的政治水平，才能在改革开放的新形势下，始终保持清醒的头脑和坚持正确的方向。

第四，政策水平。所谓政策水平，主要指认识、理解和执行党的政策的水平。政策水平主要表现在依据实际情况正确贯彻落实党的政策上，特别表现在正确区分不同性质的矛盾和不同事物的界限上。例如，正确区分和处理两类不同性质的矛盾；正确区分政治问题、思想问题、认识问题和学术问题；正确区分思想品质问题和方法问题等。思想政治教育工作面临错综复杂的社会矛盾，思想政治教育工作者只有具有较高的政策水平，才能正确贯彻落实党的方针政策，带领学生一起前进。

②思想素质。思想素质是思想政治教育工作者的基本素质之一，主要包括世界观、人生观、思想作风和工作作风等几个方面。

世界观是人们对整个世界（包括自然界、社会和思维）的根本看法和根本观点，同时又是人们观察、分析和处理各种问题的方法论。思想政治教育工作者要努力掌握辩证唯物主义和历史唯物主义世界观，正确认识事物发展变化的客观规律，全面地、本质地、发展地看问题，避免片面性、表面性和僵化地看问题。

人生观是人们对人生价值、人生目的和意义的根本看法和态度。思想政治教育工作者应从无产阶级和人民群众的根本利益出发，把实现共产主义作为自己的最高人生理想，把全心全意为人民服务作为人生目的，以革命乐观主义态度对待人生道路上的矛盾，大胆开拓、勇于创新，以百折不回的精神对待挫折和困难，立志塑造社会主义理想人格。

作风是思想、工作和生活上的一贯态度和行为，是思想素质的重要内容和表现。良好的思想作风和工作作风是思想政治教育工作者联系教育对象的感情桥梁，是思想政治教育工作者建立崇高威信的基础，也是产生科学决策的重要条件。良好的思想作风和工作作风主要包括以下内容：

第一，实事求是的作风。具体问题具体分析，是马克思主义的活的灵魂，是共产党人作风的根本标志，而其首要原则就是实事求是。坚持实事求是的作风，就要一切从实际出发，而不是从本本出发；处理问题，以调查研究为基础，具体问题具体分析；不主观臆断、不以偏概全、不以感情代替政策；对成绩和问题，是一说一，是二说二，不夸大，不缩小；工作踏实，不搞花架子，务求实效。

第二，民主的作风。相信群众、密切联系群众，做群众的知心朋友。尊重他人的意见和人格，心胸豁达开朗，承认不同意见的存在，懂得民主和法治的关系，善于集中大家的智慧，通过民主的程序做出决策、干好工作。

第三，批评与自我批评的作风。思想政治教育工作者应能够坚持原则、是非分明、敢于同不良倾向做斗争，对同志的缺点能以诚恳的态度进行批评，对自己严格要求；谦虚谨慎，能够虚心听取别人的批评；遇事不文过饰非，敢于承担责任；经常检讨工作，总结经验教训，提高工作水平。

第四，严于律己的作风。严于律己是思想政治教育工作者的内在人格力量。严于律己就要做到，正人先正己，要求别人做的，自己身先士卒；要求别人不做的，自己绝不沾边。要有强大的自我控制力，以身作则，光明磊落，具有浩然正气。

　　第五，艰苦奋斗的作风。艰苦奋斗是中华民族的传统美德和劳动人民的本色。艰苦奋斗就要做到艰苦朴素、勤奋工作、埋头苦干、不计名利，以坚韧不拔的革命意志努力把工作搞上去。

　　③道德素质。身教重于言传，教育者自己的良好的道德品质，是一种无声的教育力量，要想使教育对象有良好的道德品质，教育者必须有崇高的道德境界。教育者良好的道德品质，主要表现在以下几个方面：

　　第一，有无私奉献的精神。全心全意为人民服务，一切从人民的利益出发，能正确处理个人利益同他人利益和社会利益的关系。不计名利和地位，先人后己，大公无私，点燃自己，照亮别人。

　　第二，有崇高的义务感。义务感是人们行为的向导，时时告诉人们应该做什么和不该做什么。思想政治教育工作者应具有崇高的责任心和义务感，坚决履行自己对祖国、对人民、对他人的义务，忠诚积极，竭尽全力。正直是人格的脊梁，正直、公正、有气节是思想政治教育工作者必备的优秀品质。思想政治教育工作者要敢在是非面前说真话，表里一致，坚持原则，不讨好别人，敢于同歪风邪气做斗争。思想政治教育工作者应该成为正直、公正、有气节的人。

　　第三，有反省的自觉性。思想政治教育工作者要能严格要求自己，经常自觉地反省自己，不断提高自己的精神境界和道德水平。这主要表现为反思的精神、慎独的美德、改过的决心和笃行的品格。反思的精神，就是在实践中，能自觉地、经常地、冷静地从反面去寻找自身和工作中的缺点、错误。思想政治教育工作者要把反思的精神贯彻到自己的一切方面，失败了要反思，成功了要反思；逆境要反思，顺境也要反思；做事要反思，做人尤其需要反思。通过反思，思想政治教育工作者使自己不断进步，使工作更上一层楼。慎独的美德，就是有道德自控力，忠诚老实，表里如一，人前人后一个样，公开私下一个样，即使在自己独处的时候，也能够靠内心信念的力量约束自己，不做坏事。改过的决心，就是有面对错误的勇气和彻底改正错误的决心，不怕舆论的压力，持之以恒，吸取教训变坏事为好事。笃行的品格，就是注重行为实践、身体力行、理论联系实际、言行一致，以顽强的意志将崇高的道德原则和行为规范落实到行为实践中去，并能不避小事，持之以恒。总之，自觉反省的精神品质——反思、慎独、改过、笃行，是思想政治教育工作者防微杜渐、锤炼品质、不断进步的有力武器。思想政治教育工作者只有培养自觉反省的精神品质，才能不断提高自身修养，做好工作。

　　④智能素质。智能是一个人智力和能力的总和。思想政治教育工作者的

智能素质是十分重要的。它是工作能力和水平的基本标志，是决定工作效率和成败的关键因素之一。思想政治教育工作者的智能素质，主要表现在以下几个方面：

第一，知识结构。主要包括比较系统的马克思列宁主义理论知识，如马克思列宁主义、毛泽东思想和邓小平理论等；思想政治教育的专业基础知识，如马克思列宁主义的教育学、心理学、伦理学、政治学等知识，以及社会学、人才学、美学、管理学、文化学等相关学科的知识；思想政治教育专业知识，如思想政治教育学原理、思想政治教育方法论、思想政治教育思想史、思想政治教育管理学、思想政治教育评估等本专业的理论知识；具体思想政治教育需要的其他知识，这主要指与教育对象所从事的专业有关的知识和与教育对象的兴趣爱好有关的知识。这个领域相当广泛，教育者不可能门门精通，但应当力争多懂一点。

第二，智力结构。智力就是人们通常说的智慧和聪明。它是保证人们有效地进行认识活动的那些比较稳定的内在心理特征的有机综合。主要包括观察力、记忆力、思维力、想象力和注意力五种基本因素。观察力是人们智能活动的门户，是人们在思维的指导下，对认识对象的直观认识和把握的能力。记忆力是人们智能活动的仓库，是对被感知和认知过的事物识记和保持的能力。人们的一切智能活动都离不开记忆力，记忆力是智能发展的基础。思维力是人们智力活动的核心，是通过分析、推理和判断，间接认识事物本质和规律的能力。思维力在智力活动中居中心位置，发挥支配作用。观察力、记忆力、想象力、注意力均受思维力的支配，并在思维力的指挥下活动和工作。想象力是智力活动的翅膀，是人凭借多种思维方式，对头脑中接受和贮存的信息，进行加工和排列，创造出从未感知过的，甚至从未存在过的事物形象的能力。想象力丰富是人创造力强的一个重要标志。注意力是人的智力活动的维护者，是使心理活动指向集中或转移到某种事物上的能力。人们的一切智力活动，只有在注意力的参加和干预下，才能有效地进行。

第三，能力结构。能力指的是人们的才能或本领。它是一个人运用知识和智力成功进行实际活动的本领。思想政治教育工作者应具备的能力包括自学能力、调查研究能力、组织能力、表达能力、社交能力、创新能力、科研能力七种。自学能力就是按照自己的意图、依靠自己的力量主动去获取知识的能力。自学能力的强弱对于知识结构的建设具有决定性影响。调查研究能力指了解和分析教育对象和工作现状，并提出结论性意见或解决问题方案的能力。调查研究能力是思想政治教育工作者的一项重要的基本功。组织能力指的是能够依据一定任务或目的，精心设计计划，并恰当地组织有关人员和单位去实现计划，完成任务的能力。组织能力也包括独立组织集会或活动的能力。对于较高一级的思想政治教育工作者来说，组织能力还应包括决策能力和指挥能力。表达能力指以口头或书面的方式表达自己思想、认识、情感或表述事物及过程的能力。无论口头表达能力，还是书面文字表达能力，都是思想政治教育工作者所必需的。表达能力往往直接影响思想政治教育的功效。社交能力指人们为了实现社会关系或社会联系而进行彼此沟通、相互影响的社会活动能力。新时期，人们的横向联系增多，接触活动频繁，社交能力如何，对思想政治教育工作的成效有重要影响。创新能力指根据任务和环境的需要，及时提出新方案、新观念、新方法或总结新经验的能力。有无创新能力，是工作有无开拓性、创造性的关键。科研能力指面对事物的现象探求事物的本质和规律的能力。科研能力是综合性能力，包含内容十分广泛，如预见力、观察力、实验操作力（社会调查力）、思维力、想象力等。思想政治教育是一项复杂深奥的工作，思想政治教育工作者只有在已有经验和理论的基础上，经常开展深入细致的科研工作，才能跟上形势的发展，掌握工作的本质和规律，不断开创工作的新局面。忽视科研能力的人或科研能力较弱的人，往往不能掌握工作的本质和规律，难免陷入经验主义或教条主义泥潭。

　　⑤心理素质。心理素质指人的各种心理品质的综合状况。人的心理品质是十分丰富、广泛的。思想政治教育工作者必备的心理素质，主要指广泛的兴趣、优良的性格和坚强的自我控制能力。

　　兴趣指积极探究某种事物的认识倾向。人有了某种兴趣，就会对该事物或活动表现出积极肯定的情绪和态度。由于思想政治教育对象的兴趣是十分广泛的，思想政治教育工作者为了接触、了解和转化教育对象，也必须使自己有广泛的兴趣和爱好。兴趣爱好单调枯燥是难以适应工作需要的。

　　性格指的是一个人比较稳定的对现实的态度和与之相适应的习惯化行为方式。它是个性心理的核心，是一个人最鲜明、最重要的区别于他人的个性心理特征。思想政治教育工作者是做人的工作的，对象广泛、情况复杂，因此，必须有优良的性格，否则难以适应工作。思想政治教育工作者的优良性格大致包括以下四个方面：第一，科学的态度，即科学地对待社会、对待事业、对待他人和对待自己的态度。第二，乐观的情绪，即乐观、积极、稳定的情绪。第三，坚强的意志，即自觉、果断、坚韧、自制性强的意志。第四，有效的理智，即发展得比较充分、完善而有效的理智。

　　自我控制能力指的是在各种复杂的突发性事件面前，在心理和行动上自觉控制自己的应变能力。这种能力表现在面对突发性事件能自觉控制自己的情绪和言行，冷静地采取正确的处置方法，也表现在无论在什么困难面前，都能保持乐观稳定的情绪，坚定不移地解决问题、克服困难、开创新局面。

（2）优化思想政治教育的内容

思想政治教育涉及的内容极其丰富，要经过一个选择、建构和整合的过程，才能形成一个富有内在逻辑的结构系统。思想政治教育体系的建构受社会发展规律、教育内在规律和受教育者身心发展规律的制约，我们应依据阶级社会对其成员的根本要求、时代条件发展变化的客观要求、思想政治教育内容的继承借鉴和结构要求，形成思想政治教育内容体系，使思想政治教育内容植根历史、立足现实、面向世界、前瞻未来，适应与超越市场经济，继承与创新传统文化，批判与借鉴西方文明，既有民族特色，又具时代精神。选择思想政治教育内容的基本原则包括以下几个方面：

①立足现实，强化针对性。思想政治教育的内容之所以成为受教育者的接受对象，取决于教育内容具有满足社会现实与个体生活需要的属性。因此，注重思想政治教育内容的现实性、强化针对性就成为思想政治教育内容选择的最基本原则。思想政治教育的内容是否立足社会现实、是否具有较强的针对性直接决定着思想政治教育是否具有有效性。立足现实，强化针对性，主要指的是针对社会生活的实际和教育对象的实际情况，因材施教。思想政治教育要能够进入教育对象的视野，取得应有的实效，就必须与社会现实对接，与教育对象的特点和需要对接。教育实践反复证明：是否联系实际，是否立足社会现实，直接决定着思想政治教育的效果大小和有无。同时，不同层次、不同类型、不同期的教育对象所选择的内容是不一样的，对同一教育内容和方式也会有不同的反应，从而产生不同的教育效果。这就要求思想政治教育的内容必须贴近社会生活的实际，贴近教育对象的实际，强化针对性，然后才能达到预期的教育目的。

改革开放以来，我国社会生活的状况和社会成员的思想发生了复杂而深刻的变化，给思想政治教育带来了大量新情况、新问题。特别是随着所有制形式、分配形式以及人们生活方式从单一性转向多样化，教育对象的思想意识呈现出多层次性和复杂性；随着科学文化水平的提高，社会主义民主法治建设的推进，人们的民主平等意识不断增强，追求在思考中明辨是非、接受真理；随着物质生活的改善和生活节奏的加快，人们特别是青少年对文化生活和社会活动提出了新的要求，各种文化生活和社会活动成为影响人们思想观念的重要因素；随着大众传播媒体的现代化，社会开放度和人际交往范围的不断扩大，影响人们思想观念形成的因素和渠道空前增多。这些变化中，尤其值得关注的是人们的认知方式和价值取向出现了许多新特点。就认知方式来说，人们普遍相信自己的亲眼所见、亲耳所闻、亲自感受、亲身体验，不愿听信空话、大话，也不大注重理论学习和理性思维，喜欢"跟着感觉走"，信奉一个"实"字，表现为人生理想趋于实际，价值标准注重实用，个人幸福追求实在，行为选择偏重实惠。就价值取向来说，人们普遍注重个性、个人发展、个人权益、个人成就、个人幸福，变得重感性、轻理性，重眼前、轻长远，重物质、轻精神，重利害、轻是非，重物质富裕而轻精神提升，重感官享乐而轻人文情趣，重工具理性而轻价值理性，甚至表现为对物质生活和个人需要的过分看重，对精神生活和公益事业的相对冷淡。

总之，新的时代全面刷新着人与社会、人与自然、人与人的关系，人们的世界观、人生观、价值观、道德观等基本观念，对社会本质和生存质量的理解，对个人与社会、权利与义务相互关系的看法，都发生了深刻的变化。虽然总的来看，本质和主流的成分是思想进步。但也应看到，在社会大变革时期，由于社会矛盾纷繁复杂、变幻多端，人们思想上的矛盾也明显突出了，困惑、迷茫、失衡和疑虑、顾虑、忧虑、焦虑心理比较严重，甚至导致理想信念的淡漠和人生坐标的偏移。思想政治教育在教育内容的选择上，绝对不能绕开这些问题，而应该直面社会现实，高度关注这些现实问题，以提高思想政治教育的针对性。

增强思想政治教育内容的现实性和针对性，就是要正确认识社会的新变化，科学把握受教育者思想的新特点，深入研究不同社会群体和不同生活环境下的人们的思想状况及其变化规律，把握不同时期、不同领域人们的思想活动脉搏，从教育对象的切身利益出发，关注真实的思想问题和实际问题，做到尊重人、理解人、关心人、爱护人。我们要适应形势变化的需要，及时对思想政治教育内容体系进行充实和调整，注意增加一些具有教育对象个人特殊性，能有效缓解其思想矛盾、心理冲突、情感困惑等问题的相关内容，解答他们迫切需要解答的问题，做到思人所想、答人所问、解人所疑、释人所惑，从而指导和引导其现实生活，使思想政治教育既解决方向原则问题，又解决个人现实问题，既有原则高度，又有教育力度。当然，我们所说的针对性，不是那种就事论事、头痛医头、脚痛医脚式的"针对性"，而是在系统性、完整性的前提下进行教育；那种表面形式上的针对性，实际是不牢靠的。在思想政治教育与现实的互动关系上，我们既要反对那种置人类社会的特定现实于不顾，只在纯观念中凭空想象的思想政治教育，又要反对那种落后于社会现实，完全成为社会现实奴仆的思想政治教育。

我们应在贴近教育对象上提高思想政治教育内容的亲和力。只有贴近教育对象内在要求的教育内容，才能被教育对象亲近、接受。在教育对象的内在要求中，主体尊严是高层次的精神追求，具有纯粹的精神价值力量。马克思指出："尊严就是最能使人高尚起来、使他的活动和他的一切努力具有崇高品质的东西，就是使他无可非议、受到众人钦佩并高出众人的东西。"贴近教育对象，就是要突出教育对象在思想政治教育中的主体地位，信任、尊重、理解教育对象，培养和发展教育对象的主体意识和主动精神，尊重教育对象的尊严、权利、价值和个性发展；贴近教育对象，就是要贴近教育对象的现实思想和现实生活，面对面、心贴心、实打实给予他们更多的关注和关心，更多的关怀和关爱，关注教育对象的生存与发展的状态和境遇，关注教育对象的心理需求和心理感受，关注教育对象的个性发展和价值实现，以真心关怀人，以真意激励人，以真情感化人，以真爱滋润人；贴近教育对象，就是要善于运用时代的眼光认识教育对象，从社会现实出发，用利益诉求、民主平等、正面积极的眼光看待教育对象，顺应他们渴求关爱、期望鼓励、学习新知、表现自我的成长需要，采用平和的心态、平等的口吻、平凡的事例和平实的风格，因势利导，顺势而为，使思想政治教育更加贴近教育对象的生活，贴近教育对象的思想，亲近教育对象的心灵，以增强思想政治教育的亲和力。

②与时俱进，体现时代性。思想政治教育的内容总是随着时代的发展而发展的，在不同的历史时期和社会发展阶段具有不同的内涵和要求。面对国际背景、经济基础、体制环境、社会条件、传播手段的深刻变化，面对我国社会主义现代化建设和社会发展所出现的新情况，面对教育对象思想实际的新特点，要适应现代社会发展和人的发展需要，我们要不断调整、充实、深化、更新思想政治教育的内容。

第一，与社会主义市场经济相适应。社会主义市场经济的发展既是一种新的经济体制确立和完善的过程，也是一个与之相适应的思想道德体系生成和建设的过程。社会主义市场经济的深入发展冲击着人们旧的传统思维方式，更新着人们的价值观念、道德准则和行为方式，催生了一些反映时代特点的思想观念和道德标准，提出了许多新的道德要求。同时也应看到，市场经济的负面影响，极易诱发拜金主义、享乐主义和极端个人主义等不良思想，滋生唯利是图、权钱交易、损人利己、欺诈勒索等现象。这既给思想政治教育带来了机遇，也对其提出了挑战。与社会主义市场经济相适应，要求我们在选择思想政治教育内容时，要确立市场经济活动中正当求利、合法利己、互惠互利、公平竞争的基本道德要求，充分吸收与社会主义市场经济体制相伴而生的具有现代意义的各种意识、观念，为思想政治教育内容注入新的活力，增强思想政治教育内容的时代气息。我们应形成把国家和人民利益放在首位而又充分尊重公民个人合法利益的社会主义义利观，形成健康有序的经济和社会生活秩序，着力培养与社会主义市场经济相适应的思想道德观念，建构与社会主义市场经济相适应的思想政治教育内容体系。

第二，与对外开放相适应。我们所处的时代是一个开放的时代，我们面对的社会是一个开放的社会。日益强劲的经济全球化浪潮、交汇激荡的思想文化态势、持续高涨的建立国际经济政治新秩序的诉求、相互合作谋求双赢共同发展的外交战略，向全人类提出了许多共同的问题。要适应对外开放的客观要求，思想政治教育内容必须面向社会实际，面向整个世界、现实中国和社会生活，向当代世界性问题和时代性课题开放，我们应改变思想政治教育内容陈旧、不能面对开放的社会格局和多元的价值现实的状况。要密切联系现代社会生活实际，就要引导受教育者了解当今世界特别是当代中国建设和发展中面临的重大理论与现实问题，用历史的深邃意识和世界的全局眼光来关照事物的发展变化，努力提高思想政治教育内容的时代感和现实性。要跟上经济全球化的步伐，就要及时充实思想政治教育内容，重视对公民进行全球意识和全球伦理教育，使受教育者学会从全球利益角度去考虑问题，具有面向全球化所必备的思维方式和行为准则，形成对待和处理全球问题的道德自律。同时，思想政治教育还要增强政治意识，抵制对外开放过程中外国资本主义腐朽思想文化的侵蚀，加强社会主义意识形态建设。

第三，与科技进步相适应。科学技术的发展不仅深刻地影响着人们的物质生活，也深刻地影响着人们的精神生活。科学技术不仅是创造现代物质文明的基本动力，也是推动思想政治教育发展的理性力量。现代科学技术发展丰富了人们的精神世界，提升了人们的思想层次和精神追求，促使人们道德观念的变革和思维方式的革新。现代科学技术的发展使思想政治教育内容不断丰富，为理想信念教育、党的路线方针政策教育提供了大量鲜活的思想、知识和事实材料，为加强和改进思想政治教育提供了大量新的科学方法和手段，为思想政治教育的研究和创新提供了有利的条件。同时，现代科学技术的发展给思想政治教育也提出了新问题和更高要求，需要思想政治教育提供精神动力和正确方向。我们要研究现代科技发展给思想政治教育内容提出的新要求，充分利用现代科技发展所形成的有利条件，用大量鲜活的思想、知识和事实材料充实思想政治教育内容，使思想理论教育、理想信念教育、党的路线方针政策教育不断增添新内容、焕发新活力，从而提高思想政治教育的吸引力和说服力。

第四，与信息时代相适应。当今世界是一个信息社会，网络和信息技术已经打破了时间和空间的阻隔，正在深刻改变人们的思维方式和生活方式。网络技术的发展和普及，为思想政治教育开辟了新渠道、拓展了新空间、注入了新活力，有利于思想政治教育扩大覆盖面，提高影响力。但是网络的发展也带来了一些新的问题。网上既有大量进步、健康、有益的信息，也有不少落后、迷信、黄色的内容。而青少年是网络社会的最大群体，网络文化传播在一定程度上影响着青少年的世界观、人生观、价值观的形成，也左右着青少年的日常行为选择。因此，我们要适应现代社会信息化、网络化、知识化的发展趋势，适应受教育者主体性、创造性的需要，适应思想政治教育内容科学化、规范化的要求，努力开发和利用网络信息资源，提高思想政治教育内容的知识含量、科技含量、信息含量。

第五，与和谐社会相适应。实现社会和谐，建设美好社会，始终是人类孜孜以求的一个社会理想，也是包括中国共产党在内的马克思主义政党的不懈追求。我们所要建设的社会主义和谐社会，是民主法治、公平正义、诚信友爱、充满活力、安定有序、人与自然和谐相处的社会。与构建和谐社会相适应，加强和改进思想政治教育，必须站在时代和全局的高度，进行整体性和战略性思考。我们要加强和谐理念教育，引导受教育者正确处理个人与自然、个人与社会等错综复杂的关系，从而以健康的心理和健全的人格融入自然、融入社会；要加强科学发展观教育，引导受教育者牢固树立以人为本、全面协调可持续的科学发展观，在经济发展的同时注意保护资源和改善环境，使人口、资源、环境、经济、社会协调发展，走生产发展、生活富裕、生态良好的文明发展道路；要加强维护社会稳定教育，通过教育使受教育者认识到促进社会和谐与维护社会稳定是每一个公民的责任，通过思想疏导、精神激励、人文关怀、利益协调、行为规范来塑造社会主流价值观念，提高公民素质，化解矛盾冲突，实现社会稳定。

③继承借鉴，贯彻开放性。现代思想政治教育是开放的教育，在教育内容上表现得尤为突出，它既是对现代人们思想道德状况的反映和引领，又是对历史和现实的思想政治教育的继承、借鉴。建构思想政治教育内容体系，必须大力继承和弘扬中国思想道德教育的优良传统，正确借鉴和吸收世界思想道德教育的优秀成果，给继承的内容赋予时代内涵，使之具有时代价值，给借鉴的内容浸入中华民族底蕴，使之具有中国特色。

第一，继承传统思想道德资源。思想道德是文化的重要组成部分。文化是民族同一性的根源，是维系一个民族的精神纽带。思想政治教育内容的建构总是立足于中华民族根基，根植于民族文化沃土，有着强烈的民族性。中华传统道德以儒家伦理道德思想为主体，同时兼收了墨、道、法以及佛教等各家中的有关思想，经过几千年的扩展、充实、更新和演变，逐渐形成了一整套比较完备的伦理道德思想体系，其内容涉及价值观念、道德精神、情感信念、行为方式等各个方面。这些对我们今天的思想政治教育内容体系的建构都具有很大的启迪意义，值得我们深入发掘我国灿烂的文明史中蕴含着的深厚民族传统道德文化，它们对中华民族的繁衍生息、发展壮大起到过非常大的作用，直到今天仍然具有重大影响，在思想政治教育内容中仍是不可偏废的重要组成部分。因此，思想政治教育内容体系的建构要吸收中国传统道德的合理内核，活化传统思想道德资源，塑造民族共同价值观，同时又要注入时代精神，体现传统继承性与时代创造性的统一。

第二，借鉴外国思想道德成果。思想政治教育内容体系的建构要面向世界思想道德发展，大胆借鉴和吸收人类社会创造的一切文明成果，正确对待国外思想道德教育资源，把它们作为思想政治教育内容体系建构的重要参照，体现思想政治教育鲜明的开放性。作为人类社会普遍存在的一种教育实践活动，思想政治教育事实上存在于世界各国，世界上其他的国家不仅有着事实上的思想政治教育，而且有着值得我们借鉴的多种思想道德成果。随着经济全球化和对外开放的发展，思想道德价值也具有愈来愈多的时代性和人类性的内涵，对于外国思想道德中属于人类共同心理、共同美感、共同道德方面的成果，我们要大胆学习和有效借鉴，使思想政治教育内容的民族性与世界性有机统一起来。

教育者开展思想政治教育时，只有根据受教育者的实际情况，有针对性地选择不同的教育内容，才能提高思想政治教育的实效性。在预防高校学生突发事件中，首先，要加强危机教育，提高预防能力。危机意识是高校突发事件预警的起点。博尔诺夫认为："具有合理功能的危机必然属于生活的一部分。"既然每个人生活中必然会遇到各种各样的危机，那么树立居安思危、未雨绸缪的危机意识就成为应对高校突发事件的首要任务。时至今日，许多危机仍无法准确预测，所以高校开展有针对性的危机意识教育可以提高大学生的防范意识，提高大学生应对突发事件的能力。其次，要加强应急知识教育。高校突发事件管理的核心就是预防预警，思想政治教育对学生应急能力的培养有两个方面的任务：一是提高学生在外界因素导致的突发事件面前的快速处理能力。二是提高学生的情绪应对能力，重点是引导学生学会控制自己的情绪和帮助他人管理情绪。最后，要加强生命教育，思想政治教育要充分发挥专题性生命教育的学科优势，结合具体的突发事件案例，让学生深刻认识生命的意义和价值，懂得敬畏生命、热爱生命、享受生命、珍惜生命，从而培养学生勇于生存的信心和能力，进而使学生明白什么才是真正有价值和有意义的生命历程。

（3）创新思想政治教育的方法

思想政治教育教学方法改革创新是一个系统工程。我们认为，必须重点抓好以下三个着力点。

①理论与实践相结合。理论与实践相结合，是思想政治教育教学焕发新活力的关键，也是教学方法改革创新的重要着力点。这不仅是因为马克思主义理论根植于生活实践，脱离了生活实践的单纯的理论教学难以展示它内在的魅力，更是因为我们对现实生活的认知迫切需要理论的滋养，没有科学理论的滋养，我们难以产生对生活的热情。因此，理论讲授要联系现实生活，理解现实则要回望理论。把理论与实践结合起来，既是增强理论自身魅力的必由之路，也是点亮生活智慧的必由之路，还是思想政治教育教学方法改革创新的重要着力点。

第一，理论教学要密切联系现实生活。理论教学要联系近代以来中国革命和社会主义建设的恢宏历史，要联系改革开放以来中国特色社会主义事业的伟大发展历程和光辉成就，要联系中国特色社会主义建设的历史性特征和宏伟蓝图，也要联系几千年中华民族和人类文明发展史。马克思主义理论的魅力既体现在它的理论本身的逻辑力量，更体现在它对生活实践的重要指导作用，离开了历史和现实生活的教学素材，理论教学就难以具有亲和力。

第二，理论教学要联系当代大学生的思想现实和理想抱负。学生不是单纯地接受知识的容器，他们具有丰富而复杂的思想和情感，渴望认识历史、认识社会、理解人生。学生头脑中已有的思想和情感既是他们认识和理解外部世界的支点，也是思想政治教育的起点。只有密切联系学生实际，思想政治教育才能讲到学生心坎上，才能引起学生强烈的共鸣和认同，理论知识才能真正内化为他们观察生活和理解人生的科学支点。

第三，理论教学联系现实生活和学生实际，并不意味着忽视理论在教学中的重要性。恰恰相反，联系实际是为了更好地展现理论本身的魅力，更好地彰显理论的力量，从而更好地使理论成为照亮大学生人生道路的灯塔。强调理论要联系实际，并把它作为教学方法改革创新的着力点，必须坚决反对那种简单地罗列事实或列举故事的做法。在教学中，援引现实案例、列举生活事实，目的不在于这些案例和事实本身，也不仅仅在于通过这些案例和事实使教学更加生动有趣，而在于帮助学生认识理论的逻辑及其内在力量，促进学生将理论内化为他们的精神世界的元素。

②传授知识与培养情怀相结合。传授知识与培养情怀相结合，是教学的教育性原则对一切课程教学的共同要求，更是对思想政治教学的要求。自然科学的教学在传授科学知识的同时，还要使学生掌握认识自然的方法，理解自然本身的魅力；人文社会科学的教学在传授人文知识的同时，还要使学生掌握认识历史和人生的方法，理解人类和人类历史的魅力。思想政治理论教学更要将两者紧密结合。

第一，正确把握教学过程中掌握知识与提升素养的关系，树立传授知识与培养情怀相结合的教学理念。在传授知识的过程中，教师要引导学生积极思考，并由此培养学生的思想情怀。教师要努力使学生把获得知识当作一种手段，使知识经常起作用于学生的脑力劳动、集体生活和学生的相互联系，起作用于生动和连续不断的精神财富交换过程，没有这一过程，智力、道德、情感和美感的真正发展是不可想象的。在学生的脑力劳动中占首位的，不是熟背、死记别人的思想，而是学生自己进行思考，这种思考是一种生气勃勃的创造，借助语言认识周围世界的事物和现象，因而也是在认识语言本身的细微差异。教师要认真研究如何充分发掘知识的方法论意义和作为人生智慧的生活价值，突出马克思主义理论的价值追求，以及凝结在理论和知识之中的中国共产党人的智慧和情怀，并围绕这种意义和价值、智慧和情怀来组织教学内容。

第二，加强对培养情怀的教学方法论和具体教学方法的探索和研究，推进将传授知识与培养素养相结合的教学理念转化为操作性的教学方法。教师要认识大学生思想素养形成的一般规律，探寻思想政治教学培养人的思想素养的发力点，认真研究如何在各种教学模式尤其是"中班教学+小班讨论"，以及"知识—方法—境界"和"知识—情感—信念"等教学模式中强化思想素养的培养，研究如何改革讲授法等教学方法，更好地把传授知识与培养情怀统一起来。

第三，要研究传授知识和培养情怀相结合的操作方案。例如，思想政治理论教学从什么角度来培养学生的素养和情怀，它与学校思想政治教育工作的角度有何区别和联系？知识与情怀之间是什么关系，知识如何转变为情怀？大学生思想情怀有什么特点和规律？这些是教学方法改革创新必须回答的问题。

③传统教学方法与现代教学方法相结合。科学合理地运用现代教学方法，充分发挥传统教学方法的优势，将两者有机结合，是思想政治教学方法改革创新的又一个着力点。

第一，科学合理地运用现代教学方法，这是信息化和网络时代网络终端普及化背景的必然要求。网络世界具有信息海量、生动形象、即时快捷、交互便利等特点，它使课堂阵地和书本载体受到前所未有的挑战。科学合理地运用现代技术手段，推进信息技术与思想政治教学的深度融合，建构大学生喜闻乐见的教学平台、教学模式和教学方法体系，是摆在广大思想政治教师面前的紧迫任务。

第二，充分发挥传统教学方法的优势，也是教学方法改革的基本方向。现代教学方法，如慕课、翻转课堂、学生主导型教学等，充分运用网络技术，使知识信息载体多样化和知识传授形式生动化，具有独特的优势。但任何一种方法都是有局限性的，载体多样化和形式生动化也可能产生知识碎片化和表层化，以及学习过程娱乐化和形式化等弊端。有的教师熟悉多媒体技术，比较重视课件，但总感觉有的课件稍微花哨了点儿，有的内容又太多太乱，学生还没有来得及看清楚，课件很快就翻过去了。还有的教师完全依赖课件，一离开了课件就无法上课。有的学生就反映，一堂课下来就光看教师的课件了，不知道教师强调的重点是什么。为了提高抬头率，有些课件中的图片很吸引学生的眼球，但其与教学内容没有关系就会分散学生的注意力，这当然也是要避免的。形式服务于内容，在内容与形式之间找好平衡点，就会收到良好效果。因此，教师在运用现代教学方法的同时，又必须自觉认识并有效地克服可能存在的弊端，并发挥好传统教学方法的优势。传统教学方法不是要抛弃，而是要变革，要充分吸收现代教学论和学习理论等专门知识的营养，从而焕发更大活力。

第三，要研究传统教学方法和现代教学方法相结合的操作方案。例如，人—机系统的优势与局限是什么？哪些知识适合放置在课件上，以什么顺序和结构放置？建构思想政治慕课体系和编写"微课程"教学的程序教学教材，应该遵循哪些基本原则？哪些知识必须在课堂精讲？慕课和翻转课堂中教师如何发挥主导性？这些也是思想政治教育教学方法改革创新需要回答的重要问题。

思想政治教育的效果直接受思想政治教育方法的影响，方法选择得当则会取得事半功倍的效果。所以，做好预防高校突发事件工作的得力方法就是要开展有针对性的因地制宜的教育活动。首先，媒体上有关高校突发事件的报道屡见不鲜，校园内也会发生各种类型的突发事件，我们完全可以利用这些鲜活的案例教育和引导学生，帮助学生获得更多的应对突发事件的经验，提高其预防和处理突发事件的能力。其次，我们还可以针对大学生容易发生的突发事件，收集相关的成功案例，并在学生中大力宣传和推广，通过榜样的示范作用来加深学生对突发事件的印象，从而增强大学生克服危机的信心，这种教育方法往往能收到非常好的效果。最后，思想政治教育课程应包括危机知识培训、心理训练、危机识别和危机处理基本功的演练，使学生在实践中去体验突发事件，以提高预防突发事件的能力。

第二节　高校突发事件事中思想政治教育的疏导作用

一、思想政治教育疏导的现实价值

现实价值指的是某种理论的思想方法、观点和规律，具有指导、分析、判断人们的具体实践活动中遇到的问题和现象的作用。思想政治教育疏导既是中国共产党的政治优势和优良传统，又是今天处理高校突发事件不可或缺的"软武器"，其现实价值主要体现在促进社会安全稳定、维护校园有序运转、实现家庭和谐发展、保护个人生命财产等四个方面，这是思想政治教育疏导在解决高校突发事件中的具体实践，具有积极的现实意义。

（一）促进社会安全稳定

社会安全稳定是人类社会历史发展进程中的一个动态的相对平衡的状态，是相对于社会不安定、社会秩序混乱动荡的一种稳定状态，包括政治稳定、经济稳定、社会秩序稳定以及思想情绪稳定等主要内容。社会稳定指的不是整个社会固定不动、静止不变，而指的是构成社会的绝大多数成员能够遵守共同的社会规范，维持现行的社会秩序，形成趋于一致的社会凝聚力，从而保障社会整体协调一致地向前发展，实现社会动态平衡。

（二）维护校园有序运转

校园一般指的是学校可供教学活动、课余运动、学生和某些与学校相关人员日常生活使用的区域，是学校师生学习、工作、生活的主要场所。长期以来，高校校园常被喻为"象牙塔""知识殿堂""一方净土"等，这说明过去高校校园是一个相对封闭、相对安静的场所。但随着社会的不断发展，高校作为开放型的文化组织和知识分子集中之地，与社会有着千丝万缕的联系，校园不再是一方安静的净土，已从经济社会发展的边缘转变为经济社会发展的中心。

高校作为党的教育事业的重要组成部分，担负着为实现社会主义现代化培养高层次人才、大力发展先进科学技术和繁荣发展先进文化的重任，在实现中华民族伟大复兴中国梦的征程中具有基础性、战略性的作用。

高校作为专门培养人才的特殊单位，是社会的重要组成部分，同样面临着各种各样的安全隐患。高校所面对的是两个特殊群体：一是学生群体，他们具有热情、开放与沉默、孤独并存，独立性和依赖性并存，追求新鲜感、接受新事物能力强与心理承受力不强、人际关系薄弱并存的特点；二是教师群体，他们具有知识渊博和独立思考能力强的特质。因此，在高校突发事件预防、应对和处置中发挥思想政治教育疏导"软武器"的作用，也成为处置高校突发事件首选和必选的手段和方法。

首先，加强校园文化建设，用"社会主义核心价值观"引领高校师生的思想和引导他们的行为。高校具有传播知识、培养人才、科学研究和服务社会四大功能，这四大功能离不开文化的传承与创新。换句话说，文化的传承与创新是其基本功能。因此，加强校园文化建设，增强校园文化在校园生活中的引领功能相当重要。校园文化是高校师生共同拥有的校园价值观，包括物质文化和精神文化。物质文化是学校在发展过程中积累下来的外在物化形式的总称，主要表现为基础设施、环境布局和文化设施等，是校园文化的硬件和最直观的表现形式。精神文化是由师生长期创造的特定的精神环境和文化氛围，包括制度文化和观念文化，是校园文化的深层结构。校园的物质环境、文化环境和人际环境是对学生进行正确方向引导的重要影响因素。在加强校园文化建设中，我们绝不能忽视校园文化环境的改善，因为良好的校园文化环境是构成校园文化的不可或缺的"软环境"，体现了学校特有的文化氛围和独有的人文精神。众所周知，良好的、积极向上的校园文化环境具有鲜明的育人导向功能，能引导广大的师生员工去追求真、善、美，促进师生员工形成科学的世界观、人生观和价值观，同时，能够让文化的力量深深熔铸在师生员工的内心，从而充分彰显校园环境的正面引导功能。

其次，加强学生的思想政治教育。思想政治教育可以通过培育高校师生的危机意识、提升师生应对危机的能力来应对高校突发事件；通过相关信息的收集和处理，把高校突发事件消灭在萌芽状态中；通过对师生进行危机心理援助等，促进学校和谐；通过思想政治教育亲和力的特点，拉近师生之间的心理距离，积极影响学生，提升学生对学校及教师的信任感，而信任感是建立在学校及教师在处理高校突发事件时的态度和方式方法上的。当危机事件发生时，学校及教师如果采用了恰当的处理方式，学生也会积极配合和参与。与此同时，学校及教师努力营造出的具有亲和力的教育氛围使学生深感同受是极为重要的。因此，如何通过思想政治教育营造具有亲和力的教育氛围，是学校应该研究的重要课题。一方面，学校可以开展丰富有趣、形式多样的思想政治教育活动，在学生中定期举办主题讲座、畅谈会和主题沙龙，就学生感兴趣的话题进行轻松的研讨，这样既可以促进学生之间的交流，也能够得到学生的支持和赞同。另一方面，要激发学生对学校的归属感。美国著名心理学家马斯洛的需要层次理论认为，人都是有需要的，人的需要是有层次的，只有满足了"归属和爱的需要"，才有可能进行更高的追求。高校可以将思想政治教育内容与丰富多彩的课余活动相结合，寓教于乐，更充分地激发出学生对归属的需求和对爱的需求。

最后，加强校园舆论的引导。校园舆论引导在学校工作中是极其重要的，它对校园生活起着引领方向的重要作用，是预防、应对与处理高校突发事件的关键环节。思想政治教育疏导通过对高校突发事件信息传播的正向引导、激励等功能的发挥，促使疏导主体与疏导对象达成共识，形成合力，共同阻挡突发事件的侵入。在思想政治教育疏导的过程中，一方面要营造和谐、信任、稳定的环境；另一方面要针对学生的特点采取恰当的方式，对学生进行正确的引导，必要时要与心理健康教育工作结合起来进行心理干预。疏导主体在进行思想政治教育疏导工作时需要清楚自己所扮演的引导者的角色，需要根据学生的特点实施教育，把握学生的思想动态和舆论导向，进行有针对性的教育，从而实现积极的教育和引导。

（三）实现家庭和谐发展

家庭是建立在婚姻关系、血缘关系或收养关系基础上的社会生活组织，是社会的细胞，是人类进化和文明的产物。对于每个个体来说，家庭是每个个体生命的摇篮，具有不可选择的特点。家庭功能具有多样性、基础性、独立性的特征，并随着社会文化的发展而变化。但家庭最基本的功能始终是满足家庭成员在生理、心理及社会各个层次的最基本需要，可归纳为以下六个方面，即满足感情需要的功能、生殖和性需要的调节功能、抚养和赡养的功能、社会化功能、经济的功能以及赋予成员地位的功能。家庭对人类生存和社会发展起着重要的作用。一个人的思想变化发展，除了同日常活动紧密联系外，还同他的家庭教育以及他所处的家庭环境有重要关系。家庭环境以家风、家庭关系和家庭文化素质为主要内容。家庭环境作为个体社会化的最初环境，是思想政治教育主客体的陶坯，家庭教育的身教和示范具有春风化雨、润物无声的巨大作用，蕴含着思想政治教育的导向职能。苏联教育家苏霍姆林斯基指出："没有家庭教育的学校和没有学校教育的家庭都不可能造就全面发展的人。"个体接受家庭教育的过程，实际上是潜移默化立体熏陶的过程，是家庭环境对个体的影响过程。家庭环境对人的思想影响，对人成长成人有着特殊的感染力和引导力。良好的家庭环境可以引导人们习得正确的思想观点，形成正确的世界观、人生观和价值观，从而把握好人生发展的方向。因而，我们必须改善和创造良好的家庭环境，发挥家庭环境的积极引导作用。

当前，随着经济社会的不断发展，人们的物质条件优越，接受良好的教育成为可能，但就家庭教育来说也存在一些问题。一是现代父母的家庭教育观念与社会要求的偏离。父母是我们每个人的第一位老师，父母的思想品德和他们对子女的严格要求或溺爱迁就，直接影响着子女的思想发展。现在父母往往对孩子宠爱有加，大多数孩子平时都是一呼百应、随心所欲。二是隔代教育的大量存在。随着社会经济的发展，很多农村青壮年都进城打工。家庭教育的缺失，让这些孩子一旦遇到不顺心的事情或者有了学业方面的压力，就会产生生气、愤怒等不良情绪，轻者妨碍孩子正常的学习和生活，重者引发心理方面的疾病，甚至直接导致校园突发事件的发生。校园突发事件的发生轻则扰乱学校的正常运行，重则危及学生的人身安全，最重要的是影响了一个甚至是几个家庭。

思想政治教育不要忽视和低估家庭对人的思想发展变化的特殊作用，应高度重视家庭教育。无论个人的意愿如何，也无论父母是有意的还是无意的，他们的言行举止、思想倾向、行为选择等都会毫无保留地留在孩子的意识中。家庭教育的关键是家长的言传身教，特别是家长的进步思想和模范行为对孩子的影响。当然，家庭教育不能没有规矩，国有国法，家有家规，没有规矩不成方圆，但必须是被孩子接受、认可的规矩，才有可能转化为孩子的自觉行为。因此，家庭教育应遵循平等、民主、说服、疏导的原则，家长应当通过与孩子共同制订学习计划、制定生活制度（规范、规矩），恰当运用说理、疏导、规劝、督促、表扬、惩戒等教育方法进行有效的管理。这里有效的管理应当是建立在"规矩"之上的理性管理。当孩子遇到困难或出现问题时，家长要能够很好地运用人文关怀和心理疏导方法，针对孩子暴露出的不同心理、思想问题进行及时谈心疏导，让孩子明白为什么"这样做"，从道理上、心理上说服孩子。从家庭教育的内容和方式来看，其实质就是思想教育。在这个层面上，家庭教育属于思想政治教育的一部分，同时，也是学校思想政治教育在校外的延伸。

（四）保护个人生命财产

人类历史以现实的、有生命的个人的存在，以及人们所从事的物质生活资料的生产活动和人们的物质生活条件为前提。人和动物区别开来的第一个历史行动不在于他们有思想，而在于他们开始生产自己的生活资料。物质生活资料和物质生活条件包括人们已有的和创造出来的，它们决定着个人的生存与发展，是不以个人的意志为转移的。因此，无论是个人的生命，还是个人财产对人类的生存和发展都具有极其重要的作用。我们很难想象，离开社会生产的社会将会是什么样的社会。如果没有物质资料的生产，人也不可能生存，而离开人类自身生产，人类生命就无法延续。

从物质的角度而言，物质资料是人类生存与发展的前提与基础。根据马斯洛的层次需要理论可知，衣、食、住、行等生活上的基本需要是人类生存与发展的第一需要。我们要大力发展生产力，最大限度地增加人们的物质资料和改善人们的物质生活条件。

从个人的生命角度而言，生命是非常宝贵的，它对每一个人来说都只有一次，生命健康不仅包括生理的健康，还包括心理的健康。各种意外事件、重大变故、突如其来的高校突发事件等，往往容易造成惊恐体验或强烈的刺激，从而使人出现心理问题甚至精神失常。发挥思想政治教育疏导的作用，做好心理调适和思想政治教育工作主要包括以下三个方面。一是讲明事理，帮助解除突发事件后心理失调者的思想顾虑，使其树立战胜心理疾病的信心，以有效地配合心理调适和治疗；二是正面鼓励，了解和掌握疏导对象在突发事件后普遍出现的情绪低落、悲观失望、丧失信心、缺乏勇气的缘由，帮助其找出思想上存在的问题和矛盾，振作精神，提高心理上思想上的抵抗能力；三是给予人文关怀和心理疏导，帮助突发事件后心理失调的疏导对象排除暂时性的思想、情感障碍，减轻心理和思想上的压力，缓解过分紧张和焦虑的心理，保证心理调适和治疗的正常进行，以帮助他们重塑一个心理健康、精神正常的自我，保证其生命财产的安全。

二、思想政治教育疏导必须遵循的理念

（一）坚持以人为本，确立人民主体地位

在高校突发事件思想政治教育疏导实践活动中，我们必须坚持人民的主体地位，将实现广大人民的根本利益作为一切工作的出发点和落脚点。落实到

高校中，就是要坚持以高校师生为本，切实维护高校师生的切身利益，确立师生的主体地位。如果忽视了高校师生的切身利益，高校的一切工作就失去了其本身应有的意义。学校办学，教师为本；教书育人，学生为本。思想政治教育疏导坚持以人为本，关键在于准确、完整地把握"以人为本"的内涵。

首先，"以人为本"的思想是历史的产物。人类在早期社会由于生产力水平低下，经历了"以神为本"的阶段。随着生产力的发展，人们认识水平的提高，"以人为本"的人文精神得到了逐步发展。无论在西方文化中还是在中国文化中，"以人为本"都具有极其深远的意义。

其次，不能片面地理解"以人为本"。对"人"的理解，"以人为本"中的"人"不能片面地、简单地认为就是单个的人，或一种人、一个类型的人。这里所理解的"人"，是由一个个具体的、现实的、活生生的个体所构成的群体，不但涵盖了广大的人民群众，还囊括了一些其他意义上的人，如人类本身的人、具有独立人格和性格特征的人以及一切中国特色社会主义事业的建设者和劳动者，甚至包括所有尚未劳动、失去劳动机会和丧失劳动能力的各式人群。可以说这里的"人"比"人民"的外延还要广泛，也具有一定的包容性。但就本文来说，这里的"人"指的是在高校突发事件中的高校师生以及与高校师生紧密相关的人。对"本"的理解应该建立在对"人"认识的基础上。对于"人"的基本情况，我们可以从三个层面进行审视和考查：第一个层面是把"人"看作类存在意义上的人；第二个层面是把"人"看作社会群体意义上的人；第三个层面是把"人"看作具有个性意义的人。基于三个层面对"人"的理解，我们可以进一步理解和把握以人为本中的"本"。首先，从看作类存在意义上的人来理解"本"。作为类的存在物，我们必须提供其为了生存或存在而必需的物质资料，只有这样，这个类存在物才会得以存在。其次，从社会群体意义上的人来理解"本"。"人"在生产劳动过程中扮演着各种社会角色，人的价值是在处理各种社会关系中得到体现的。社会发展的过程实际上就是人不断追求和创造自身价值的过程。在这一过程中，人既是主体又是客体，因此，这里的"本"，包括了人的多方面的规定性，既有作为目的的需要，又有作为手段的需要。最后，从个性意义上的人来理解"本"。"本"这里指的是把人作为发展的终极目标，包括人自由而全面的发展，这也正是马克思主义哲学追求的最高境界——人的全面发展。因此，以人为本是人的全面发展的思想基础，只有以此为"本"，才能使人从必然王国走向自由王国。

从以上分析我们可以清楚地知道，"以人为本"有自身丰富的内涵，在开展思想政治教育疏导实践活动时要完整、准确地把握。在高校，以人为本就是要坚持以高校师生为本，切实将维护师生的合法权益放在学校工作的首位，不断提高学校治理的能力和服务师生的水平。就学校党政领导而言，坚持以人为本，就是要站在构建社会主义和谐社会的高度，充分认识到维护师生的合法权益的重要性，充分认识到构建和谐校园的必要性，充分认识到当前校园安全稳定形势的严峻性、复杂性。要保持高度的政治敏锐性和工作责任感，不断提高和强化管理干部的忧患意识、使命意识和服务意识，不断化解校园生活中存在的各种消极因素，并努力变各种消极因素为积极因素，认真贯彻"安全第一、预防为主、综合治理"的方针，切实加强校园安全稳定工作，不断优化工作方法，做到"领导到位、责任到位"；就制度建设而言，坚持以人为本，就是要努力营造"环境育人、管理育人、服务育人"以及"尊重知识、尊重人才"的良好氛围，不断推进民主管理，完善各项管理机制，切实保障师生的各种合法权益，做到"制度到位、措施到位"；就校园建设而言，坚持以人为本，不仅要加强校园的基础设施、生活环境、教学设备等"硬实力"建设，还要不断加强学校的知名度、美誉度、办学实力、教学质量等"软实力"建设，为校园全体师生学习、生活和工作提供良好的环境，做到"硬件到位、软件到位"。总之，要坚持以人为本，确立人民主体地位，将以人为本的理念贯彻到学校工作的所有过程和校园生活的各个领域，同时，要把以人为本的理念作为推动高校教育改革的重要动力，在教学管理过程中革除那些不利于学生成长、不符合教育教学规律的规章制度，在校园生活中革除那些不能满足师生发展需要、有损师生合法权益的条条框框。

（二）坚持科学管理，规范相应规章制度

"科学管理"由弗雷德里克·温斯洛·泰勒提出，又名"古典管理理论"或"传统管理理论"。科学管理指的是应用科学方法确定从事一项工作的"最佳方法"。现代经济管理教育中把科学管理概括为："科学，而不是单凭经验办事；和谐，而不是合作；合作，而不是个人主义；以最大限度的产出取代有限的产出，每个人都具有最高的工作效率，获得最大的成功，就是用高效率的生产方式代替低成本的生产方式，以加强劳动力成本控制。"这里科学管理的实质就是制度化、规范化。制度化，即将管理以制度的形式予以界定和贯彻，在这里制度仅仅是一种规范化形式，强调在管理的过程中要充分体现人的价值，而不是把人当作一个机器上的螺丝钉和齿轮，是在对人的本质特性准确把握的基础上，通过确立一套价值观念体系来引导人的意志行为选择。但规范化最终也要落到制度层面上，通过规章制度来实施。

制度带有根本性、全局性、长期性和稳定性特点，具有很强的刚性约束力。加强制度建设，就是要用制度管事，用制度管人，用制度思维代替过去的惯性思维和经验思维，用制度来规范工作，用制度来规范行为。长期以来，我们对制度的功能和力量重视不够，甚至把制度规范与思想政治教育疏导对立起来，更多地强调思想教育和思想改造。其实，不论是制度规范还是思想政治教育，都有其独到的一面，两者应该是相互协调、相互补充的。在一定意义上，思想政治教育疏导本身也存在一个制度规范的问题。因此，在高校突发事件思想政治教育疏导实践活动中同样要坚持科学管理，做好制度建设。

在高校突发事件的处理过程中，学校是否应对突发事件负责任这一问题始终是高校突发事件处理过程中的焦点问题。由于在高校突发事件中"学校是否应对突发事件负责任"缺乏刚性的规章制度的支撑，因此，在突发事件处理过程中，当突发事件当事人与学校产生意见分歧时，学校往往处于被动应付的局面。如果遇到明事理、易沟通的当事人，事件的处理则容易一些；如果遇上不辨是非、难沟通的当事人，事件的处理则往往陷入僵局，甚至给校园的稳定带来一定的冲击。随着社会的发展与进步，不论是高校外部环境还是高校内部环境都发生了深刻变化，校园生活出现新的现象，高校师生自身的心理、行为也有许多新的特点，规定中的内容已不足以涵盖今日的校园生活。因此，抓紧抓好制度建设，是目前高校突发事件思想政治教育疏导实践活动中紧要而迫切的任务。有了相应的制度保障，思想政治教育疏导实践活动才能在相应的规章制度范围内展开，才能充分发挥思想政治教育疏导自身的功能，实现做到位不越位、有为不乱为。在制度建设过程中，首先，要明晰高校在不同类型突发事件中的权责，高校只有明确自身在不同类型突发事件中所具有的权利和应负的责任，才能大胆而果断地处理相应的突发事件。其次，应有第三方机构为高校突发事件发生所造成的损失托底。

（三）坚持法治思维，遵守法律评判标准

法治是人类社会数千年来在政治管理、经济管理和社会管理方式上的理性选择，是现代文明制度的基石和走向，是现代文明国家的必然选择。法治思维，就是一种运用法治价值来认识世界的思维方式和思维方法。法治思维在本质上区别于人治思维和权力思维，它要求人们在想问题、做决策、办事情时，必须牢记人民授权和职权法定，必须严格遵守法律规则和法定程序，必须切实维护人民的权益，必须始终坚持法律面前人人平等，必须自觉接受监督和承担法律责任。法治思维不同于人治思维和权力思维，法治思维有其自身特点。一

方面，法治价值的主导是法治思维的最主要特点。法治价值指的是法治在治国方略或社会调控中的作用，是人们在认识世界和改造世界过程中逐渐形成的对法治的认识。另一方面，法治思维重视法律在构建社会秩序中的重要作用。法治思维凸显法治价值指引功能，与"非法治思维"相比，"法治思维"更重视制度化了的、经过人类实践活动证明是正确的、具有普遍指导意义的整体经验，任何组织和个人的局部认识或个别经验都不能左右"法治思维"的发展方向。

在这里我们必须强调一个问题，即有时人们会把加强思想政治教育疏导理解为法治以外的因素，而不把它理解为进行法治、依法治国内在的、必然的题中应有之义，这必然导致法治与思想政治教育疏导的对立，最终出现法治与思想政治教育疏导两张皮的现象。在一定意义上，法治与思想政治教育疏导是辩证统一的。其一，实行法治、依法治国，不但不排斥一定思想政治教育疏导，而且内在地要求加强思想政治教育疏导。同时，一个良好的法律制度，必然会给思想政治教育疏导留下发挥作用的广阔场所，并把思想政治教育疏导引入法治的轨道，不允许任何人或组织借思想政治教育疏导之名，行侵犯公民和组织的合法权利之实。其二，任何法都有强大的思想政治教育疏导作用。各种法本身都具有程度不同的思想政治教育疏导的作用，社会主义法的这种作用尤为强大。其三，实行法治，依法治国，弘扬法治精神，这样才能为思想政治教育疏导工作的开展创造更有利的社会环境和条件。

疏导坚持法治思维，就是要求疏导主体和疏导对象在预防、应对与处理高校突发事件过程中要尊重法律、信仰法治、践行法治，换句话说，就是疏导主体和疏导对象在思想政治教育疏导过程中要以法律为准则来评判自身的各种行为。首先，尊重法律，就是要求疏导主体和疏导对象在理性上深刻理解法律至上性和优先性。无论是疏导主体还是疏导对象，在高校突发事件语境中，都应该把法律作为调整各方关系的最高准则。任何个人、任何组织都不能超越法律这个准则。高校或疏导主体要把法律看作自身行为的标准和尺度，在对疏导对象进行思想政治教育疏导时要以法律来评价自身行为，法律评价在行为评价中具有评价优先性。同样，疏导对象要把法律作为自身利益表达的规范，必须在法律允许的范围内运用合法的方式表达自己的利益诉求。其次，信仰法治，就是要求疏导主体和疏导对象在情感上对法治极度信服和尊重，并以法治作为行动准则。只有信仰法治，疏导主体和疏导对象才能在思想政治教育疏导中尊重法律、维护法律，做到知法、守法、护法。最后，践行法治，就是要求疏导主体和疏导对象掌握法律知识，理解法治的正当性，以法治精神指导自己的行为。只有践行法治，疏导主体和疏导对象才能在思想政治教育疏导中以法律标准评判自己和他人的行为，当发生破坏法治的情况时，才敢于挺身而出，维护法治尊严。

（四）坚持时机、适度与效率的统一

疏导的时就是疏导的时机，指的是在思想政治教育疏导活动中出乎意料地遇到有价值的条件或机会，这种条件或机会能给思想政治教育疏导活动带来巨大影响。这种条件或机会具有很强的时间限制性、突发性、不可重复性等特点。时机通常也指机会、机遇。机遇是一种特殊的偶然性事件，一种有利机会。机遇在人生征途上是普遍存在的，并且以千姿百态的形式出现。宋代辛弃疾在一首词中写道："众里寻他千百度，蓦然回首，那人却在灯火阑珊处。"同样，在突发事件处理过程中也会出现有利于事件妥善处理的时机，也是一个"众里寻他千百度"的过程，由于"蓦然回首"而在事件处理过程中出现意想不到的成功也是屡见不鲜的。显然，我们不能把这种有利时机看作改变事件过程的唯一途径。但是从时机的出现到意外的成功，又是与事件的妥善处理相联系的。因此，一个人能否善于抓住时机是成功与否的重要条件，因为时机往往是偶然的，稍纵即逝。如何抓住时机呢？首先，要充分研究突发事件，对突发事件了解越全面、深入和及时，在思想政治教育疏导过程中捕捉机遇的可能性就越大；反之，即使机遇出现了，也往往因为无法把握而错失良机。其次，善于抓住时机，思想政治教育者需要具有一个善于科学观察的头脑，时机偏爱那种有准备的人。在思想政治教育疏导过程中，敏锐地洞察突发事件发生的变化，及时抓住有利时机，对事件的妥善处理往往有决定性作用。再次，要有智慧和勇气付诸实际行动去抓住有利时机。在突发事件语境中，开展思想政治教育疏导工作需要从全方位的角度对疏导对象展开研究，这就要求疏导主体不仅要有扎实的专业知识和广阔的视野，还要有比较丰富的工作经验，这样抓住思想政治教育疏导机遇的可能性才大。最后，要有强烈的责任心和使命感。一些突发事件给国家和社会造成严重的损失和破坏性的后果，其中一个重要原因就是有些管理者思想上对突发事件不够重视行动迟缓低效，甚至有些把矛盾上交，把责任下推，被动等待上级决策处理，导致错过处理的良机。

疏导的度指的是事物保持其质和量的界限、幅度和范围。我们办事情、做决策，都要"注意分寸""掌握火候"，也就是要"适度"。把握思想政治教育疏导的度是实施正确疏导的基础，也是把思想政治教育疏导目标转化为疏导对象认识和行动的基础，把握思想政治教育疏导的度就是要坚持主体与客体相统一。思想政治教育疏导是疏导主体主观能动性发挥的过程，但这个过程不同于一般主体改造客体的实践活动。在一般主体改造客体的实践活动中，大多是没有思想的一般事物作为客体。在思想政治教育疏导过程中，疏导主体面对的疏导对象不是物而是人（或人群），从这个意义上说，思想政治教育疏导不是"主体—客体"之间的行为，而是"主体—主体"之间的双主体行为，具有明显的主体间性特点，疏导活动不是单向的过程，而是双方互动的过程。加上不同的疏导对象具有不同的职业，处于不同的阶层、不同的利益集团，即疏导对象情况各异。因此，在疏导过程中，一方面疏导主体要了解疏导对象的客观状况，即了解疏导对象所处的客观环境，包括自然环境和社会环境，生产条件、生产状况、生产关系以及分配方式和特点，疏导对象在物质利益需求方面的满足情况；了解疏导对象的生活环境，如疏导对象当地的风土人情、生活习俗、文化环境、道德状况、教育状况、知识状况和信息沟通的状况等。另一方面疏导主体还要了解疏导对象主观方面的特征，即了解疏导对象的思想特点、愿望、需要和追求，了解疏导对象在利益方面的要求，以及获得利益的手段和方法，了解疏导对象的人生观、世界观和价值观等。只有准确了解和把握疏导对象，疏导才能做到具体情况具体分析，有的放矢，不会总是千篇一律、千人一面，才能根据客观发展的趋势和疏导对象的心理需要做到因势利导。

疏导的效指的是疏导的效率、效能。在这里，效率性指疏导主体在控制突发事件的过程中能够迅速、准确地收集各种信息，抓住控制突发事件态势的各种有利时机，及时有效地应对突发事件。应对突发事件，疏导主体要树立时间观念，因为突发事件一旦发生，极易出现迅速扩展的危险局面，如果不及时采取有效措施，就会失去解决事件的条件和机会，导致更加严重的后果。应对突发事件过程中时间观念的意义在于："一方面，社会组织或公共管理机构可以根据最新的有关突发事件的各种信息及时做出控制和处理决策的调整。另一方面，社会组织或公共管理机构在控制突发事件的执行上可根据最新信息以及情况的变化做出理性的选择。"

在高校突发事件中应如何提高工作的效率？首先，就疏导主体自身的情况而言，一是要增强工作责任感和提高工作能力与水平。职场中流行这样一句话："思想决定行动，行动决定习惯，习惯形成性格，性格改变命运。"这说明工作责任心、责任感在工作中起着重要作用。有工作责任感的人，面对困难的时候，不会过分强调客观原因推脱责任，会积极想办法解决问题，敢于担当。相反，没有工作责任感的人，对任何事都会消极对待，摆出"事不关己，高高挂起"的模样。当然，高质量地完成任务，仅有认真的工作态度是不够的，还需要有解决问题的能力和水平。二是要消除分散注意力的影响，集中完成当前的工作任务。疏导主体应排除一切可能干扰自身工作的外在因素，这些因素包括来自社会的舆论，来自家庭的压力，来自所在单位的压力，来自事件当事人的压力以及自身工作能力水平的局限等。其次，就任务的情况而言，要明确思想政治教育疏导想要达到的目标。目标明确后，衡量一下实现该目标会不会最大限度地消除高校突发事件所带来的破坏性影响，同时认真审视目前所做的工作，是否是与思想政治教育疏导相关的工作，这些工作能不能帮助自己更接近目标。最后，就任务的方法而言，在高校突发事件处理过程中要整合一切有利于事件处理的资源。这里的资源不仅包括物资资源，还包括人力资源，而人力资源更是解决问题的重要因素。

（五）坚持针对性，科学确立疏导目标和内容

疏导的针对性，指的是从实际出发，根据不同性质和类型的突发事件，确立疏导的目标和内容，选择相应的方法完成疏导任务。疏导的针对性实质上就是实事求是的原则和一切从实际出发的精神在思想政治教育疏导过程中的运用。俗话说的"一把钥匙开一把锁""对症下药"，讲的就是针对性。疏导要坚持针对性，实际上就是要求分类分层疏导，就是要根据不同类型、不同性质的矛盾纠纷，辩证施治，采取不同的疏导方法，促使问题得以有效解决。疏导针对性强调的是要针对不同的突发事件、不同的疏导对象，确立疏导的目标和内容，进而选择相应的方法开展思想政治教育疏导工作。正如卢梭指出的："空泛地说教之所以最没有用处，根本原因就在于，它是普遍地向所有一切的人说的，既没有区别，也没有选择。"这实际告诉我们的是，思想政治教育疏导工作要有针对性。针对性能够帮助疏导主体从实际出发，想疏导对象之所想，急疏导对象之所急，切实抓住疏导对象之所需，开展思想政治教育疏导工作，从而提高思想政治教育疏导的实效性。在高校突发事件语境中，疏导要做到有针对性，要把握好以下几个方面。

一是根据高校突发事件的性质与类型，确立疏导的目标和内容。不同性质与类型的高校突发事件所存在的问题也就不同，因此疏导的目标和内容也应不一样。这要求我们要科学确立疏导的目标和内容。例如，高校政治类突发事件，主要针对疏导对象的思想问题、政治立场问题进行疏导；高校心理健康类突发事件，主要针对疏导对象的心理问题进行疏导；高校管理类突发事件主要针对管理的问题进行疏导。

二是根据思想政治教育疏导的目标要求和具体内容选择方法，方法是人

们完成任务、实现目标的工具和手段，是为目标任务服务的，受到目标任务的制约。根据疏导目标要求和具体内容选择方法，正是目标任务与具体方法之间的辩证关系的要求。在每一个具体突发事件中，由于性质、类型及成因的不同，思想政治教育疏导的目标要求和具体内容也会不同，因此采用的方法也会不同。此外，在突发事件发展的不同阶段，思想政治教育疏导的路径和方法也应不一样。

三是针对疏导对象的具体特点开展疏导工作。疏导对象有个体和群体之分，每个个体又存在着性别、年龄、职业、党派、所处社会地位等的差异，还有疏导对象的受教育程度、个人经历、经济状况、家庭环境、个性特点等的不同，以及疏导对象在突发事件中受伤害的程度不一样，这些都是在开展思想政治教育疏导工作时必须考虑的内容。这样就能做到因人而异，因事而异。

三、思想政治教育疏导作用发挥的路径

（一）通过政治方向引导，提高政治敏锐性和鉴别力

政治是经济的集中体现。政治方向引导就是运用动员、教育、监督、批评等方式，把疏导对象的思想和行为引导到符合社会发展要求的正确方向上来。具体而言，就是疏导主体通过思想政治教育疏导使疏导对象能辨别和选择正确的政治方向进而坚定正确的政治方向的实践活动过程。思想政治教育疏导具有鲜明的政治性，它总是为特定的政治和经济服务的。不管我们主观上是否承认，思想政治教育疏导作为思想政治教育的一般方法，在思想政治教育疏导实践过程中必然要体现出思想政治教育的政治性本质，政治导向自然成为思想政治教育疏导的内容之一。思想政治教育作为一种有别于"知识教育"的特殊教育形态，首先要解决"培养什么样的人"的问题，其次才是"如何培养人"的问题。"培养什么样的人"的问题是培养人的"方向"问题，这里的"方向"问题集中体现为把人们的思想和行为引导到符合社会发展要求的正确方向上，是培养人具有"坚定正确政治方向"的问题。"如何培养人"的问题是培养人的"方向"问题。

加强对疏导对象政治方向的引导，提高疏导对象的政治敏锐性和政治鉴别力，是预防、应对与处理高校突发事件尤其是政治类突发事件的重要途径。一是强化马克思主义理论武装，用理论来引导行动，让认识推动实践，通过理论上的清醒与成熟来保障政治上的敏感和坚定。重视学习是我们党的优良传统和优势，也是强化马克思主义理论武装的根本方法和重要途径。我们要通过学

习和掌握马克思主义哲学来提升疏导主体的理论素养，寻找科学的思想方法和工作方法，同时，我们还要不断提升疏导主体灵活运用马克思主义立场、观点、方法的能力，以及战略思维能力、历史思维能力、辩证思维能力、创新思维能力、底线思维能力。二是树立正确价值追求，自觉践行社会主义核心价值观，不断强化精神支柱。我们要用社会主义核心价值观引领疏导对象的思想和行为，这是坚定正确政治方向的治本之策；要引导疏导对象自觉控制"交往圈"，净化"生活圈"，纯洁"娱乐圈"，经常查找自己在理想信念、价值追求、思想道德和行为方式等方面存在的突出问题，筑牢自己的精神高地，不断提高政治免疫力。三是营造良好的文化氛围。加强对出版物的管理和对各类新媒体的管控，是营造良好的文化氛围的必然要求。

（二）通过价值观引导，树立正确价值取向

价值指的是人的需要与事物属性之间特定关系的范畴。能满足人的需要则事物有价值；反之，不能满足人的需要则事物没有价值。价值观是人们关于价值的根本观点和看法。价值观建立在价值判断的基础上，而价值判断建立在主体需要的基础上，主体需要决定了主体对事物的立场、观点和态度。这里必须强调的是满足主体需要不仅仅取决于主体需要，还要看事物本身能否满足这种需要和满足的程度。我们还要看到，主体需要也不完全是一个主观范畴，主体需要不但由客观条件影响产生，而且是人类社会长期演化的产物。价值观作为文化的核心和关于价值的观念系统，它是人们对物质世界和精神世界的判断、评价、取向和选择，在深层上表现为人生处世哲学，包括理想信念和人生目的、意义、使命、态度，而在表层上则表现为对利弊、得失、真假、善恶、美丑、义利、理欲等的权衡和取舍。价值观反映的是主体的根本地位、需要、利益，以及实际能力、活动方式等主观特征，是以"信什么，要什么，坚持追求什么和实现什么"方式存在的人的精神目标系统。人的价值观对人的行为提出内在要求，即对人自身有积极意义的事物，人就积极去追求它、获取它，并在获取中得到满足；反之，就避开它，不希望接触它，甚至拒绝它。人根据自身的需要去判断各种物质现象和精神现象有无价值、价值大小，从而决定自己对这件事的态度，并以此为标准，考虑这件事要不要去做。

当前，从培养社会主义事业接班人的战略高度以及全面提高高校学生的思想道德素养和科学文化素质的基本要求来看，价值观的形成与确立对高校学生的健康成长起着不可或缺的作用。如何帮助高校学生树立正确的价值观，形成正确的价值取向，如何让高校学生处理好政治方向、思想认识和心理品质等

不同层面的问题，是教育领域必须面对的现实重要课题。这一课题的实现面临着以下两大挑战。一是来自高校外部环境的压力。现代科技飞速发展，移动互联网使高校学生获取海量信息成为可能，在这良莠不齐的信息海洋里，高校学生辨别是非和进行行为选择的复杂性增加了，高校对学生进行引导的难度也增加了。二是来自高校自身内部的挑战。这种挑战与我国高等教育自身的改革和发展紧密相关。

目前一些高校办学背离了教育的目的，把学校教育仅仅当作制器的工具，而不是把学校当作育人的摇篮。一方面，一些学校存在德育教育不到位、游离不定和偏离的现象；另一方面，一些学校单纯将学习成绩的优劣作为评价学生的唯一标准，导致一些学生价值观错位，价值取向出现偏差，道德观缺失，重学习轻情操，重分数轻道德。当考试分数成为学生的压力时，学生很容易失去心理上的平衡，这是寻致高校突发事件产生的重要隐患。

价值观引导指的是疏导主体引导疏导对象在多种具体价值目标选择中将其中某种价值目标确定为自身追求方向的过程。对组织而言，价值观引导是要通过树立标杆、奖励绩优来明确组织鼓励的行为，传递组织倡导的价值取向，进而把组织成员引导到组织设立的价值目标上。对个人而言，价值观引导就是要把个人的价值取向引导到符合社会发展需要的价值目标上。如何运用价值观引导，消除高校突发事件的隐患？从高校组织层面来看，要求高校高度关注高校师生的发展，以维护高校师生的合法权益为重要追求，始终重视高校思想政治教育，始终坚持对高校思想政治教育工作的领导，保证高校思想政治教育在加强中改进，在改进中加强，从而给高校师生以正确的价值观引导。

在高校突发事件中，我们要善于总结经验，化消极因素为积极因素，挖掘高校突发事件的教育资源，对高校学生进行思想政治教育疏导。一方面，我们通过案例教育、警示教育等方式来引导和明晰高校学生的价值取向；另一方面，我们通过教育疏导，引寻高校学生努力践行社会主义核心价值观，继而实现社会主义核心价值观内化为高校学生的价值观。

（三）通过思想引导，化解各种社会矛盾

什么是思想？思想一词古已有之。在当代中国，思想是一个使用频率特别高的词语，不同的领域对思想的界定也不完全相同。在这里，我们从马克思主义哲学的角度去研究思想的含义，可以取得两点共识：第一点，思想是人的大脑对客观外界的反映和思考；第二点，思想是支配人的行为的认识和观念。就这两点共识我们可以将思想界定为："思想是人的大脑反映、思考外界客观

存在，并能支配人的行为的认识和观念。"思想的本质属性与人的本质属性是一致的，人的思想是人的本质在头脑中的集中表现，思想的本质归根结底是社会关系总和在人们头脑中的反映。思想具有时代性、可塑性和复杂性等特点。

思想引导，指疏导主体将疏导对象的思想引导到符合社会发展需要的方向的过程。思想作为客观存在反映在人的意识中经过思维活动而产生的结果，具有引领行动的先导作用。如何对疏导对象进行思想引导，使思想引导成为处理高校突发事件的有效途径？我们必须准确地把握思想的内涵、本质以及特点。

从思想的时代性特点来看，我们必须准确判断当前高校师生所处的历史方位。一方面，随着我国社会经济的不断发展，人们思想的自主性、独立性、差异性、选择性不断增强，同时，由于我国正处于社会主义市场经济改革的大潮中，人们的思想承受着市场经济各种消极因素的严重冲击。另一方面，当今世界经济全球化、文化多元化、社会信息化。在这种背景下，高校师生可以充分利用网络来获得境外或非主流媒体宣传的信息，如新自由主义思潮、复古主义思潮等，尤其是西方敌对势力的文化和价值观的渗透使得高校师生的思想表现得异常复杂。

从思想的可塑性特点来看，我们必须深入研究高校师生的思想接受机制。人的一切行动受思想支配，而支配行为的思想是人们所处的社会客观条件作用于大脑的结果。从行为产生的过程来看，有什么样的需要，就有什么样的思想（动机）；有什么样思想（动机），就有什么样的行动。人一旦拥有某种需要，这种需要就会转化为思想动机，支配人去寻求满足的力量，推动人去从事某种活动，即"需要—动机—行为—目的"。因此，高校思想政治教育必须满足高校师生的需要，只有这样才能获得高校师生的认同；反之，高校师生就不会接受和认同。如当前一些高校思想政治理论课教学（或思想政治工作），大多局限于"是什么"的知识传递，经常缺乏分析"为什么"的能力培养，往往不能满足高校学生对党、国家、社会主义历史和现状进行深刻认识的迫切需要。在这样的情况下，有着良好的政治愿望和爱国热情的高校师生在面对重大事件发生的时候，往往缺乏深刻的理性思考，无法把握正确的方向，不能采取正确的表达方式，在不明事情真相的情况下容易参与一些非法集会、游行。

从思想的复杂性特点来看，我们应加强保障机制建设，即提高师生抗挫能力，增强其责任意识，磨炼其意志品质，提升其精神境界。首先，建构一支高素质的思想政治工作队伍。高校应最大限度地挖掘现有思想政治工作队伍资源，充分发挥思想政治理论课教师、思想政治辅导员、学生党员干部、学生社团干部等在思想引导过程中的作用，鼓励他们以身作则、率先垂范、顾全大局、无私奉献。在突发事件中，思想政治工作者要努力做到坚守岗位，积极开展互助活动，用集体主义、爱国主义精神把广大师生凝聚在高校党政领导班子周围，架起高校与师生之间相互信任相互理解的桥梁，使师生关系、同学关系在突发事件中得到牢固发展，形成互相理解、互相鼓励、互相关爱、互相帮助的良好风尚。其次，形成一套行之有效的思想引导方法。思想引导，一方面，要从大局出发，紧紧抓住世界观、人生观、价值观这个总开关，引导人们牢固树立中国特色社会主义共同理想，着力筑牢人们的精神支柱，以共同理想为基础，充分调动一切积极因素，尽可能地克服消极因素，并且努力化消极因素为积极因素。另一方面，必须坚持联系人们的思想实际，区分不同的层次和不同的对象，进行分类指导，做到贴近性、对象化、接地气。高校既要掌握师生对高校突发事件所可能表现出的心理和行为的普遍反应，又要具体分析不同师生的反应情况，适时加以引导。在高校突发事件中，师生因年龄、性别、党团员与非党团员、干部与非干部、低年级与高年级、毕业生与非毕业生等不同，而表现出不同的情感反应，高校要根据这些实际情况，有针对性地开展思想引导工作。

总之，通过思想引导，人们能够学会透视社会热点、关注社会焦点、思考社会难点。思想引导有利于逐步消除人们心中存在的不解与疑惑，增进人们之间的共识，促进社会的和谐。

（四）通过心理疏导，构建良好心理环境

心理是人的大脑对客观物质世界的主观反应，心理现象包括心理过程和个性心理特征。心理过程指的是人们在活动的时候，通过各种感官认识外部世界事物，通过大脑的活动思考事物的因果关系，并伴随着喜、怒、哀、乐等情感体验的整个过程。心理过程按其性质可分为认知过程、情感过程和意志过程三个方面，简称知、情、意。

心理疏导指的是疏导主体针对疏导对象心理和思想存在的各种问题而进行疏通和引导的实践活动。疏导和心理两个概念的结合，主要强调对疏导对象心理积淤的疏通，并导向积极健康的方向。就心理学领域而言，心理疏导等同于心理咨询或心理治疗。鲁龙光认为："心理疏导是与药物治疗相对应的心理治疗方法，心理疏导疗法是医务人员在与患者医疗交往过程中，对患者阻塞的病理心理状态进行疏通引导，使之畅通无阻，从而达到治疗和预防疾病，促进身心健康的目的的一种方法。"就思想政治教育领域而言，心理疏导是根据辩

< 147 >

证唯物主义原理，结合我国的民族特征，继承古代医学中的有关精华并汲取国内外各学科中有价值的学术思想，逐渐形成的具有中国特色的较为系统的心理疏通和引导的方法。心理疏导既是对医学、心理学领域的心理咨询、心理治疗等概念的借鉴和运用，同时也是对医学、心理学意义的心理咨询、心理治疗等概念的超越和发展。因此，对心理疏导的理解不能停留在心理学领域，把心理疏导仅仅看成心理咨询和心理治疗，而应拓展到思想政治教育学领域，把心理疏导看成一种思想政治教育方法，一种通过疏导心理层面的问题来达到思想沟通引导的教育方法。

如何开展高校突发事件心理疏导工作？就宏观角度而言，要切实加强高校师生的心理健康教育。首先，根据高校学生的身心发展特点和教育规律，进行心理健康知识的普及，制订学生心理健康教育计划，确定相应的教育内容与方法。其次，积极推进高校学生的心理健康教育的实践活动。在校园生活中，学校要有计划地开展提升学生克服困难、经受考验、承受挫折能力的训练，以及通过团队训练、心理短剧表演等各类实践活动来提高学生的心理素质。同时，高校可以结合学生实际，广泛深入开展主题沙龙活动、谈心活动等，通过专题性的主题沙龙活动和小范围的谈心活动帮助学生处理好学习成才、择业交友、健康生活等方面的具体问题。再次，建立心理健康教育与咨询的组织机构和建设一支结构合理的专兼职心理健康教育教师队伍，促进高校学生心理健康教育和心理咨询辅导工作规范化和常态化。最后，建立适合高校学生的心理干预机制和建构高校学生心理危机干预系统。就教师而言，要建立教师心理状况定期检查和心理素质测查制度，让教师了解自己的心理健康状况，为调整自己的心态提供依据；要为教师开设心理健康教育讲座，让教师掌握一些心理学知识，使他们能够有效地进行自我调适；要设立相应的心理咨询点为教师服务。就学生而言，要定期对学生进行心理健康普查，给每一位学生建立心理健康档案。对普查中发现的高危人群要予以重点关注，对他们定期或不定期进行心理辅导。

就微观角度而言，在突发事件发生时疏导主体应通过心理手段改善疏导对象的心理偏激状态，削弱疏导对象情绪化冲动的力度。必要时，要聘请专业社会工作者和心理治疗人员介入，专家将心理学知识运用到高校突发事件的处置过程中，从心理上弱化疏导对象的对立情绪，为突发事件的妥善处理创造良好的心理环境。具体来说，心理疏导要从疏导主体和疏导对象双方情感的交流和沟通开始，疏导主体逐步影响疏导对象的认知活动和意志活动，以促使疏导对象的态度改变，从而产生行为效应。就人的情感来看，情感指的是比较深层的、比较稳定和持久的内在感情，与某种认知有关，是社会化的结果，它主要是后天培养起来的，含有较多的理性成分。人总是爱屋及乌的，因此疏导主体要善于从情感上与疏导对象拉近距离，从疏导对象的情感需要和情感体验出发，用疏导对象能够理解的语言来交流沟通。当然，在情感上与疏导对象亲近，还要考虑疏导对象的利益需求，因为人的情感、需要和动机是紧密联系在一起的。就人的认知来看，疏导主体就是为了帮助疏导对象提高获得知识和解决问题的能力的，从而使疏导对象能够对突发事件有一个全面正确的认识，能够正确地进行实践，以期获得更好的实践效果。为了更好地帮助疏导对象，疏导主体必须研究疏导对象的认知状况，分析疏导对象的知识水平、经验状况、思维方式以及对问题的理解能力等，研究怎样才能把问题和道理向疏导对象讲明白，使疏导对象听得懂、记得住、用得上。就人的意志来看，意志是人有意识、有目的、有计划地支配和调节自身行为，从而实现预定目的的心理过程。意志是人特有的行为特征，意志对行动有发动、制止的作用，发动在于推动人们去开展达到预定目的所必需的行动，制止则在于阻止不合乎预定目的的行动。因此，在突发事件中，疏导主体要引导疏导对象形成自觉性、果断性、自制性和坚持性等优秀的意志品质。

（五）通过舆论导向，营造和谐社会氛围

所谓舆论，指的是社会上大多数人对于一种有争论的事情用富于情绪色彩的语言发表的由态度、意见及其相伴随的意象与思想所构成的，显示出一种在心理上有制约作用的共同意见。就舆论的特征来说，有以下六个方面：一是社会上一般人赞同，并从心理上产生共鸣的意见；二是经过相当长时间的辩论、讨论形成的，比较符合理性的意见；三是舆论不仅限于社会统治阶层的意见，即使在一个小小的团体中，也会有舆论的存在；四是一种发生效力的意见，舆论与意见的区别就在于舆论能对人的行为发挥效力；五是有一定的影响目标；六是舆论一经形成就会代代相传，成为一种固定化的心理制约力量，即风俗。在这里要注意对舆论概念的几种不正确的理解：其一，舆论就是报纸文章的言论；其二，舆论是上级的舆论；其三，舆论是亲朋好友的议论，是道听途说、街谈巷议、个人意见。同时，我们还要做好舆论与谣言之间的区分。谣言又称为流言、传言、传闻，在我国又称"小道消息"。实质上，谣言就是社会上流传失真或传闻未加证实之言。舆论与谣言的区别在于：第一，社会舆论有明确的策源地，而谣言却找不到它的策源地；第二，某种组织内部的社会舆论，很自然会被全部组织内的其他成员接受，承认其真实性并传播开来，而谣言尽管传播迅速，但人们对其可信度持怀疑的态度。

　　舆论导向又称舆论引导，指运用舆论来影响和引导人们的思想观念和价值取向，从而改变或控制人们行为的活动过程。具体来说，舆论导向包括对社会舆论的评价、引导以及就某一社会事实制造舆论等方面的内容。社会舆论是一种社会精神现象，舆论引导是用一种软控制的方式对人们进行引导，它不同于用硬控制的方式对人们进行约束。硬控制指的是运用强制性手段，如政权、法律、纪律等对疏导对象的价值观、行为方式进行控制，又称为强制性控制。软控制是相对于硬控制而言的，指的是运用非强制性控制手段，如舆论、风俗、习惯、伦理道德等对疏导对象的价值观和行为方式进行控制，因而，也称为非强制性控制。社会舆论是一种强大的精神力量，它不仅可以影响和改变人们的思想观念，还会引发改变社会面貌的重大的社会行动。在突发事件中，做好舆论导向工作是处理突发事件的重中之重，正确的舆论引导有助于突发事件的顺利解决，有助于防范新的危机连锁发生，有助于防范类似突发事件再现。因此，我们要重视进行正确的舆论引导。我们要以科学的理论武装人，以正确的舆论引导人，以高尚的精神塑造人，以优秀的作品鼓舞人。

　　如何做好舆论导向？高校突发事件的整个过程常常伴随着谣言，特别是在高校突发事件的爆发期，更是谣言诞生和盛行的重要阶段，而且谣言往往存在"蝴蝶效应"。同时我们还应当注意，随着新媒体不断成熟与发展，当高校突发事件爆发时，各种负面消息往往容易被各种媒体大肆宣传，产生"放大效应"。因此，在高校突发事件中，我们要充分重视媒体的作用，要使媒体成为公众实现知情权和监督权的载体，要使媒体成为和谐社会氛围的营造者和推动者，同时要加强对媒体的管控，使媒体能引导突发事件向积极方向发展，成为社会矛盾的稳定器、减压阀、缓冲器。在舆论导向过程中，我们要改变那种在"主观上不愿意说，行动上不主动说，时间上不及时说，内容上不说真话，态度上说狠话"的错误做法，必须坚持"胸怀大局、把握大势、着眼大事，找准工作切入点和着力点，做到因势而谋、应势而动、顺势而为"。具体来说，舆论导向过程要坚持以下几项原则。

　　一是必须坚持舆论导向的党性原则，即解决"站在什么立场，为什么人"进行引导的问题。在我们国家"党性和人民性从来都是一致的、统一的"。因此，在突发事件疏导过程中，疏导主体要坚持用党的政策引导疏导对象，把党的政策化为疏导对象的自觉行为。

　　二是舆论导向必须坚持以团结稳定、正面宣传为主。在突发事件语境中，由于受各种因素的影响，疏导对象的思想复杂多变，而且他们的思想中存在着大量消极因素。在这种情形下，疏导主体要从大局出发，坚持团结稳定，弘扬主旋律，传播正能量，学会讲道理，从正面去讲道理、全面性地讲道理、在对比中讲道理、抓住关键问题讲道理，引导疏导对象从独立思考中明白道理。

三是舆论导向必须坚持真实性原则。疏导真实性原则是确保疏导对象思想稳定的重要前提，是对疏导对象知情权的尊重。因此，疏导主体应对突发事件的第一要务是要真实、准确、及时地传递信息。在突发事件面前，疏导对象在心理上表现出焦虑，在行为上表现出茫然失措，其中最重要的一个原因就是对突发事件缺乏真正的了解。虽然各种信息通过现代媒体随时随地进行传播，但是信息越多，影响疏导对象正确判断的因素就越多，其判断力就会被削弱，疏导对象的自我安全感就会降低。如果疏导主体不能及时、准确、迅速地向疏导对象传播真实信息，那么疏导对象情绪就难以稳定，而这将影响疏导对象对学校的信任。因此，疏导主体必须采取各种手段迅速调控信息，把疏导对象的思想和行动引导到符合社会发展的要求上来。

四是舆论导向必须做到"网上"和"网下"齐抓，现实世界和虚拟世界共管。当前，相比网上虚拟世界的舆论引导，网下现实世界的舆论引导比较成熟，管控能力和水平都比较高。在虚拟的网络世界里，由于网络的即时性、便捷性、交互性、自主性等特点，人人都是信息的接收者，同时，每个个体还是信息的制造者或传播者。因此，高校要加强对网络，特别是校园网络的管控；加强校园网络阵地的建设，坚持以正面宣传为主，发挥校园网络的引导作用；加强与校园网络相关的管理制度的建设，为理性上网、文明上网提供制度保障。

第三节　高校突发事件事后思想政治教育的整合作用

一、思想政治教育整合概论

（一）整合的内涵

整合的概念在系统科学中提出的时间很早，人们在实践活动中已经广泛应用到整合的概念。整合，就是通过一定的方式和手段，使各不同部分在保持各自性质特点的前提下，共同构成一个有机、完整的整体。整合其实就是社会成员思想规范，行为一体化的过程。事实上，社会的生产实践活动就等同于整合资源的活动。整合理论是社会学的重要内容。社会整合指的是对社会中不同因素之间的冲突、矛盾和纠纷进行调整和协调使之成为统一体系的过程和结果。在此过程中，社会中各相互对立、相互矛盾的要素，可以通过相互适应，共同遵守一种行为规范而达到团结一致，形成一个均衡的体系。

在社会学领域，奥古斯特·孔德的理论是以"只有精神上协调一致社会才能存在的思想"为基础的。他说："社会的形成是由于社会成员有了共同的信仰。"法国社会学家杜尔凯姆指出："社会成员的共同价值观和共同的道德观是社会团结的核心，道德作为社会整合的三种力量和资源之一凭借其自省力和内化性可以发挥外在事物强制性所无法取代的作用，所以值得人们关注。"

（二）思想政治教育整合机制

思想政治教育整合指的是将思想政治教育看成一个系统，首先，联系、重组综合系统内的各要素，使其形成合理的结构发挥整体优化的最大功能；其次在性质不变的情况下，使它与其他系统共同构成一个有机的完整的整体，这样既能维持思想政治教育系统的完整性又能使思想政治教育获得更高层次的适应力。其内涵主要有整体协调、渗透融合、过渡衔接、互补互促、可持续发展等。概括而言，思想政治教育整合是过程和结果的统一。世界是过程的集合体而不是即成事物的集合体。作为过程，它指的是总体联系、渗透互补、过渡衔接、重组聚合等；作为目标，它指的是和谐发展、整体协调等。

思想政治教育整合机制，指的是影响思想政治教育整合诸因素的相互联系及其功能，以及整合的作用原理。其作用机理是以思想政治教育整合中心为主导，从思想政治教育整合对象出发，来设计思想政治教育整合运动。

（三）思想政治教育整合的对象

从思想政治教育整合诸影响因素的相互联系及其功能，以及思想政治教育的整合作用的机理来看，思想政治教育整合的对象复杂而多样，从小的方面讲有人际互动；从大局上讲，有其他系统间的耦合。但是，经过深入的剖析，不难发现，思想政治教育整合的基本对象只有一个，即利益。除了利益这个最基本的整合对象之外，还有一些由此而衍生的整合对象，主要有情感整合、组织整合。利益整合的最初目的是维护和反映某一特定集团的利益关系，最终目的也是维护这个特定集团的利益，这是思想政治教育利益整合的条件，也体现了思想政治教育利益整合的价值。情感整合指的是以信仰、信念、价值观念、道德观念为内容的整合。组织整合的目的是增强组织的吸引力、战斗力、创造力。

二、思想政治教育发挥整合作用的路径

高校突发事件对高校来说既有挑战同时又存在着机遇。恩格斯说过："一个聪明的民族，从灾难和错误中学到的东西会比平时多得多。"高校能否在突发事件后维持自身作为一个组织系统的完整性，并从高校突发事件中受益，这有赖于高校突发事件事后思想政治教育的整合。高校突发事件事后，高校遭受的损失和破坏是综合性的，这些损失和破坏既包括物质层面的，也包括制度层面和精神层面的。物质层面的损失借助技术性手段，经过一定时间的努力，可以弥补，而制度层面和精神层面的损失的弥补却不是可以一蹴而就的。由于突发事件的影响难以立刻消除，其需要一个长期的过程，所以很容易出现制度缺位、精神动力多元化、大学生心理失衡等现象。此时我们需要某种力量或资源来发挥整合作用，思想政治教育以其特有的整合机制发挥着不可替代的作用，这就是思想政治教育在高校突发事件后期发挥作用的有利条件。

不论发生何种性质和规模的高校突发事件，都会给师生乃至社会带来精神上和物质上不同程度的损失。由于个体存在多样性和差异性，因此突发事件对其产生的影响不同，严重的情况下会给个体的生活带来困扰，使个体对发生心理创伤的地方和环境产生恐惧感想要逃避和脱离现实，即为心理学上的"创伤后应激障碍"。高校突发事件的发生不但给师生带来心理情感影响，还对学校的教学和生活秩序造成困扰。思想政治教育中的修复功能是要对个体的心理创伤和高校的运转秩序进行调整和修复。思想政治教育通过对个体的心理干预和治疗，使个体缓解负面情绪，释放心理压力，消除心理障碍，走出心理阴影，提高适应环境的能力，回归正常生活，恢复乐观积极向上的健康心理。

高校思想政治教育的整合作用就是根据事态形势，采用合适的思想政治教育方法规范群体思想和行为，层层渗透，实现资源一体化，发挥最大效用，防止突发事件继续恶化，把伤害降到最低。这要求思想政治教育工作者在高校突发事件发生后，整合高校的规章制度和高校突发事件应对机制，形成一套全校师生和各级工作部门都认同的思想政治教育工作模式；整合高校个体与群体的精神动力，减少差异性，达成共识，从分化走向统一，从疏离走向集中，形成社会精神合力，构建和谐稳定的高校环境。

（一）整合高校资源，恢复正常秩序

在高校突发事件善后阶段，思想政治教育工作者应利用多方资源，通过多种形式，联合各有关部门包括学生干部和学生社团组织共同开展教育活动。各部门应形成全局观念，发挥自身职能的基础上与其他部门合力应对，统一共识，妥善处理高校突发事件，恢复高校正常运转。该整合过程可以从三个层面着手：制度层面的整合、精神动力层面的整合和心理层面的整合。

1.制度层面的整合

制度层面的整合也就是完善健全高校的规章制度和建立危机应对机制，使高校师生达成统一共识。要创设创新制度，既要完善教职工内部的民主制度，还要加强高校管理层与学生之间的沟通联系。教职工是与学生思想交流最多的群体，对学生了解最深，所以民主的内部教职工制度，能够促进管理阶层完善高校规章制度。学生群体在高校中所占比重最大，在接收和传播信息时，可能会造成信息的扭曲，使得事态恶劣发展，这就需要高校管理层适时与学生保持联系，实时地掌握学生动态，了解学生的需求，避免盲目地制定政策，实现制度的整合。

思想政治教育者通过收集信息、采纳各种建议和意见、总结高校突发事件发生时期高校管理工作应对"非常态"模式的有效方法，形成思想政治教育工作的有效模式，使高校的正常工作制度和"非常态"工作制度互相促进、互相补充，从而做好突发事件事后的安抚工作。思想政治教育制度的整合增强了高校应对突发事件的能力，也体现了高校制度的自我调节能力和高校的宽容度、适应性。

思想政治教育制度整合的具体措施包括以下几个。首先，构建一套完备的思想政治教育工作应急管理机制。思想政治教育工作者要和高校管理层加强信息的沟通和交流，为管理层做出科学合理的决策提供准确的信息。这样可以使高校管理层在突发事件发生后做出正确的决策，从而降低突发事件造成的损害。其次，思想政治教育工作是一项长期的任务，任何时候都不能放弃，它可以引导媒体舆论，稳定师生情绪，维护高校学习和生活秩序；它还能控制事态发展的程度，防止事件升级，最终将学校师生引导到正常的生活中去。最后，思想政治教育者可以把突发事件的相关知识贯彻到思想政治教育教授的内容中去，这样可以提升师生员工的整体素质，降低应对高校突发事件的成本。

因此，高校应该借助突发事件这个机遇，改革高校管理模式。在突发事件事后，高校的领导者要在完善管理机制、组织机构调整方面采取相应的措施，以调和解决学校内部利益矛盾。只有这样学校管理机制才能高效运转，高校形象才能迅速恢复。

2.精神动力层面的整合

精神动力层面的整合指的是把不同个体和群体所形成的差异性的、多样性的精神动力加以整合，使新的精神动力生成和发展。这种新的精神动力理论上是比个体和群体的精神动力之和都要大的，这种社会合力是推动整个社会发展的重要力量。高校大学生的思想意识形态本就是多元化的，在高校突发事件发生后，他们所受到的影响也就不同。为了整合高校全体精神动力，思想政治教育工作者要通过爱国主义的民主精神教育，结合学生的思想精神特点，指导学生投入为自己前途的、为学校的、为国家发展的努力中去。

人的行动的一切动力都一定要通过人的头脑，成为头脑中的反映和意识到的动力，即精神动力，只有这样才能推动人行动起来。感觉、思想、动机、情感、意志等精神因素可以成为人行动的精神动力。概括起来讲，精神动力就是思想、理论、理想、信念、道德、情感、意志等精神因素对人从事的一切活动的精神推动力量。

思想政治教育整合中心指的是能对社会个体、社会群体产生吸附力量，使之凝聚为社会整体的社会事物。整合中心可以是人，也可以是物或组织机构，还可以是系列规范，是一种信仰或思想意识形态，甚至可以是一句口号或提法。思想意识整合指的是以同一阶级思想意识形态为主导，对其他类型的思想意识形态进行整合的过程。就和人们多样化的社会需要、种类繁多的社会行为一样，人们的思想意识形态也是千差万别的，因此思想政治教育工作者需要将它们整合为一体。思想政治教育整合的中心就是马克思主义，即以马克思主义为主导，整合多样化的思想，使之形成合力。

在高校突发事件发生后高校内学生的思想意识形态呈现多元化特征。于是，加强爱国主义教育和理想信念教育是思想政治教育实现精神动力整合的最佳途径。

（1）加强爱国主义教育

21世纪是人类社会日新月异的世纪。当今世界，和平与发展成为时代的主题，国与国之间的政治交流、经济交往日益频繁，综合国力的竞争日益激烈，相互依存的关系日益加深。

在这样的大背景下，高校要进一步加强对学生进行新时期爱国主义教育。每个公民都要进一步增强加快发展的紧迫感和自信心，在思想感情上，以热爱祖国为基本要求，坚持国家利益至高无上，以民族利益为最高利益，树立为祖国利益不惜牺牲个人利益的强烈责任意识；在具体行为上，以爱祖国为基本要求，以高度的责任感做好自己的本职工作，做好每一件有利于祖国强盛的事情，每个公民要有强烈的民族自尊心和自信心，维护国家形象，绝不妄自菲薄、数典忘祖、丧失国格和人格。爱国主义教育的题材非常广泛，从传统典故到现实国情，从物质文明到精神文明，从自然风光到历史文化，社会生活的各个领域都蕴藏着极为丰富的进行爱国主义教育的活教材。教育者要善于运用国情资料，不断丰富爱国主义教育的内容；要通过各种生动活泼的形式，广泛、深入、持久地加强爱国主义教育；要使我们的青年了解祖国的悠久历史和灿烂文化，了解我们党和人民的光辉业绩和优良传统，满怀信心地投身于祖国社会主义现代化建设；要把全国各族人民的爱国主义热忱，转化为推动改革开放和现代化建设、振兴中华的强大力量。

实践证明，爱国主义在推动中国社会前进的过程中具有强大的感召力和凝聚力。爱国主义是一个国家、一个民族凝聚人民力量的重要思想和不断追求进步的强大精神动力。爱国主义绝不是一个抽象的、空洞的概念，而是具体的、形象的，它体现在一个人的社会公德、道德情操等方面，与每个人的日常生活、学习紧密相连。

（2）加强理想信念教育

理想信念是世界观、人生观和价值观的集中体现，是人的内在需求和发展动力。理想信念教育是高校学生思想政治教育工作的核心。能否树立正确的理想信念，关系到青年学生能否成为社会主义事业的合格建设者与可靠接班人。学生应加强政治理论学习，教育者应激励学生树立远大理想，使高校大学生的思想能紧跟时代潮流。

3.心理层面的整合

心理层面的整合是把高校突发事件的事前的心理准备、事中的心理干预与事后的心理健康教育等多种心理引导途径整合在一起，使当事者能够具备预防和应对突发事件的能力。不同学生存在不同特点，包括年龄、性别、家庭环境、生活阅历、心理素质、人际交往等方面的差别，导致其在面对同样的事件时，就表现出不同的心理反应。由于高校突发事件的特点是一定的，所以学生在面对突发事件时还是会产生一些规律性的心理特征的，如惊慌失措、恐惧、压抑、失落等，当然不同的人受到的影响有别。高校思想政治教育工作者要结合这些规律性的心理特征，有针对性地根据受影响程度进行心理引导、心理咨询和心理干预。

（二）妥善安抚人心，适时进行惩处

在高校突发事件的管理中，安定抚恤和稳定人心是教育工作者要做好的善后工作，达到稳定高校日常运转秩序的目的。思想政治教育工作的有效开展，需要得到师生群体的支持、配合，若师生群体对此产生疑义，思想政治教育工作将受到影响。而采取适时的惩处、表彰、安抚措施也是善后阶段的重要内容。

一方面，对在高校突发事件中受到严重伤害的人员进行安抚。在自然灾害事件、事故灾难事件、公共卫生事件或社会安全事件中受到伤害的群体，高校管理人员应尽早妥善处理，安排经验丰富的领导代表负责家属的慰问和接待工作，尽量满足其合理意愿。由非自然突发事故造成学生损失的情况，学校应公开道歉，且在经济上予以补偿。

另一方面，要适时表彰、惩处得体。在应对高校突发事件时常有师生表现出沉着冷静、大义凛然、不屈不挠的精神，他们具有良好的人格品质，营造了积极向上的校风环境，高校应给予这些优秀的个人和团体相应的奖励及表彰。此外，将他们作为示范榜样，鼓励大家学习，现实的榜样力量是无穷的，影响力是深远的，能够坚定受教育者的理想信念，引导更多的人勇于应对困难，创造良好的校园环境。相反，在高校突发事件中临阵退缩、盲从指挥的失职人员应按规定进行惩处，这不仅是其应受的教训和处罚，也是对受害者及其家属的心理慰藉，以儆效尤，同时可避免其未来重蹈覆辙，有利于规范高校的规章制度。

（三）总结经验教训，形成教育转化

从教育心理学的角度看，突发事件使受教育者处于最佳的教育情境之中，教育者容易成功地向受教育者灌输正确的价值理念和行为规范，受教育者对教育者传递的教育信息也最容易接受并信服。高校突发事件的发生具有两面性，它在给师生群体、高校环境乃至社会集体带来了消极后果的同时，思想政治教育工作者也在高校突发事件的应对中受到了启发，获得了经验。也就是说，对高校突发事件的处理可以作为发展延伸思想政治教育内容的一部分，一定程度上也为思想政治教育工作提供了教育环境，这本鲜活的教材，为开展思想政治教育工作提供了宝贵的经验。

总结经验教训，就是思想政治教育工作者对高校突发事件发生的原因进行分析，针对应对措施中的短板进行总结，同时还要借鉴其他成功案例的经验，总结规律，提炼技巧，举一反三，形成适合本校环境的教育理论。恩格斯

说过："没有哪一次巨大的历史灾难不是以历史的进步为补偿的。"因此，思想政治教育工作者要抓住高校突发事件这个契机，改变陈旧错误的工作方法和行为习惯，创新思想政治教育内容，提高应对高校突发事件的科学性。

教育转化，就是把师生在高校突发事件中遭受到的伤害，转化为从爱国主义为中心的民族精神教育。强化教育分为正面强化教育与负面强化教育，我们应化消极为动力，化危机为机遇。正面强化教育指的是通过权威人物的正面训导以激起或强化公众防范突发事件的意识，负面强化教育指的是通过向公众展示突发事件给受害者所带来的或可能带来的痛苦，使突发事件的潜在受影响者提高防范突发事件意识。另外，在教育转化过程中，思想政治教育工作者应重视提高教育频度和教育资源的合理分配，还要充分利用突发事件所赋予当下思想政治教育的全新内涵和时代特征，突出民族精神教育、社会主义教育和生命教育，使教育转化达到最优。思想政治教育工作的开展，有利于学生树立正确理性的观念，有利于教育者营造人格培养的良好氛围，指导学生形成符合社会主义发展要求的行为道德规范，有利于教育者将亲身经历与思想政治教育工作相结合，从而提高高校突发事件管理工作的实践性。

第五章　思想政治教育应对
高校突发事件的策略

第一节　思想政治教育在高校突发事件应对中的原则

一、以人为本的原则

思想政治教育是教育人、说服人的工作，思想政治教育要更好地体现时代性、把握规律性和富于创造性，必须坚持"以人为本"的原则。思想政治教育的"以人为本"原则，指的是思想政治教育以具有需要、追求主体性发挥的现实的受教育者为出发点，通过关照受教育者的需求、尊重受教育者、理解受教育者、发展受教育者，不渐激发受教育者的主体性，使受教育者自觉以教育目标的标准提升自身的思想政治素质，从而达到思想政治教育目的的基本准则。

（一）以人为本的科学含义

所谓"以人为本"，指的是思考问题、处理问题的时候坚持从普通群众的立场和观点出发，既注重人民群众整体利益的提高，同时又现实地关注人民群众个体的生存状态和利益需求，把"人"作为一切理论和实践的主体和目标，并以"人"的利益和生存状态作为第一标准。以人为本，就是要把受教育者放在一个重要的位置，突出受教育者的主体作用，把他们的自身价值充分表现出来，重视受教育者的社会价值的实现与社会总价值的增值。我们讲以人为本，就是要有人文关怀精神，富有人情味，就是要尊重受教育者、理解受教育者、关心受教育者、爱护受教育者和严格要求受教育者，促进受教育者的全面发展。

1.思想政治教育要关心受教育者的需要

历史唯物主义认为，人的所有实践活动都遵循着两个尺度进行：一是物的尺度，即客观事物的本质及其规律性；再一个就是人的内在尺度，即人的本性的需要。人总是将自己的需要倾注于对象之中，从而实现自身的本质力量，整个人类发展史证明，需要在可能性上构成实践发展的动力，实践则将这种可能性转化为现实。

"需要"通过社会关系，在现实生活中表现为人的利益。马克思把利益看作主体与客体关系的范畴，它包含着主体的需要和满足需要的对象两个方面，利益表示的是人的需要对需要对象的占有关系。如果说物理世界服从物体运动的规律，那么人类社会的发展则服从利益的原则。对利益的追求是人的活动持续发展的现实动因，正是利益使得人的本质力量凝聚于对象之中，改造对象来满足自身的需要，由此又决定了人们从事活动的价值取向，价值实质上是客体性质与主体需要的结合。如果客体不能满足主体的需要，就谈不上构成价值关系。所谓历史，也就是人们为自身的利益（需要）而进行创造价值的活动。在改革开放和发展社会主义市场经济的条件下，社会成员的思想活动日益表现出趋利性特点，受教育者对现实政策的评判，对社会前途的关心，更多地与自身利益是否得到满足联系在一起。这就要求新形势下的思想政治教育，必须高度重视受教育者的利益问题，以马克思主义的利益观来引导受教育者正确认识和处理各种利益关系，使每一个受教育者从关心个人切身利益的实现转变为去关心国家和集体利益的实现，由此凝聚成有利于满足受教育者根本利益的强大精神力量。如果严重脱离受教育者的实际需要，不关心受教育者的利益，不去实现、发展和维护受教育者的利益，这样的思想政治教育，受教育者自然会无动于衷，甚至反感、厌恶。

2.思想政治教育要发挥人的主体性

马克思列宁主义认为，人是认识世界和改造世界的主体，人的主体性也就是人在认识和改造外部世界和人本身并创造着自己历史的活动中所表现出来的能动性、创造性和自主性。能动性是人的主体性最基本的内涵，它指的是主体在以自我为轴心所建构的对象性关系的基础上，自觉、积极、主动地认识客体和改造客体，而不是消极地、被动地进行认识和实践。能动性是人之所以区别于动物的重要特点，也是人之所以能够为主体的主要依据。创造性是人之主体性的灵魂，它包含两层含义：一是对外部原有事物的超越。主体通过变革和改造旧事物，产生新颖的、独特的新事物，它常常与改革、发明、发现联系在一起；二是对内部自在的超越。主体在改造客观世界的同时，改造了自身，使"旧我"转变为"新我"，实现自身的否定之否定。创造性的实质是对现实的超越。创造性活动是人类得以成长发展的最重要手段。自主性是人的主体性的最高层次，它指的是作为主体的人在认识和实践活动中，能够依据主客体条件和自身的需要最大限度地支配自己的活动，主导客观对象的发展变化。

发挥人的主体性是思想政治教育的内在要求。首先，从思想政治教育的目的来看，其根本目的就是要启发受教育者的社会主义觉悟，提高受教育者认识世界和改造世界的能力，使之充分认识自身在社会主义事业中的主体地位及其所肩负的历史使命，成为高度自觉的社会主义建设者。其次，从思想政治教育过程来看，思想政治教育的过程，实质上也就是在教育者的教育影响这一特殊外因作用之下受教育者思想品德的形成和发展过程。而受教育者则是其自身思想行为的主体，其思想品德的形成和发展关键在于自身主体性的发挥。因此，我们在思想政治教育过程中就必须着力培养和激发受教育者的主体性。引导和鼓励受教育者主动地接受教育和自觉进行自我教育，以主体的姿态自觉地按照社会要求塑造自己的品德。最后，从现阶段思想政治教育所面临的新情况来看，现代传播媒介飞速发展，各种信息纷至沓来，受教育者的交往范围日益扩大，社会环境对受教育者思想的影响越来越大。这就要求我们在思想政治教育中必须注重培养受教育者在接受环境影响和思想信息方面的能动性和自主性。教育者在引导受教育者树立正确价值观的同时，着力培养受教育者分辨是非的能力、自主选择的能力和自我教育的能力，这样才能使受教育者在纷繁复杂的环境中始终坚持正确的思想政治方向。总之，着力发挥人的主体性是思想政治教育自身的内在要求，它既包括发挥思想政治教育者的主体性，又包括发挥受教育者的主体性。

如果把发挥人的主体性放到建设中国特色社会主义的伟大实践中来审视，思想政治教育所肩负的使命就更重大。思想政治教育应当引导人们形成与社会主义初级阶段基本经济制度相适应的思想观念，营造鼓励人们干事业、支持人们干成事业的社会氛围，让一切劳动、知识、技术、管理和资本的活力竞相迸发，让一切创造社会财富的源泉充分涌流，使千百万人民群众的主动性、积极性、创造性得到充分发挥，走自主创业、自我积累之路。思想政治教育应当通过对千百万人潜移默化的影响，大力弘扬和培育以爱国主义为核心的团结统一、爱好和平、自强不息的伟大民族精神，凝聚人心，促进创新，使广大受教育者始终保持昂扬向上的精神状态，推动经济的发展和社会的全面进步。思想政治教育还应当帮助人民群众认清自己利益所在，认清社会的发展规律，引导人民群众从实际出发争取自己的利益，依靠自己的力量创造幸福生活，实现社会主义的本质要求。

3.思想政治教育要促进人的全面发展

人的全面发展是整个人类一直向往和努力的目标，是人类自身发展的最高理想。马克思列宁主义所说的人的全面发展，主要指每个社会成员的智力和体力都获得尽可能多方面的、充分的、自由的和统一的发展，是"人以一种全面的方式，也就是说，作为一个完整的人占有自己的本质"。"尽可能多方面"发展表明了人的发展的广度，是人的智力、体力、交往能力、社会关系、思想品德、个性等方面都能得到发展。"充分的"发展是马克思列宁主义对人的发展程度的设想，指的是人的潜能和天赋得到最大限度的挖掘。"自由的"发展是马克思列宁主义对人的发展状态的期望，一是每个人的发展不屈从于任何其他的活动和条件，二是个人的发展能为个人所驾驭。"统一的"发展，表明了人的发展的质的要求，是人的德、智、体等生理和心理的各个层面、各个部分的协调统一的发展。在实现人的全面发展的途径上，马克思明确指出唯一途径就是生产劳动同教育相结合。思想政治教育是教育的一个重要组成部分，从形式上来说，是做受教育者的思想转化工作，使受教育者掌握正确的立场、观点和方法，不断提高认识世界和改造世界的能力；从内容上来说，最根本的是帮助受教育者树立正确的世界观、人生观和价值观，为受教育者的全面发展提供精神支持。思想政治教育贯穿受教育者的全面发展整个过程，它对受教育者的全面发展的促进作用主要表现在以下几个方面：

（1）引导受教育者确立正确的政治方向，促进个体的政治社会化

在阶级社会，思想政治教育有鲜明的阶级性、方向性和目的性，它特别重视和发展本阶级的后备力量，主要体现在培养人的规格要求上。这种规格要求是丰富的，其中政治方向居于主导地位。所谓政治方向，指的是政治理想、政治信念、政治立场、政治态度、政治品质等的综合表现，其中政治理想和政治信念起着支配作用，是思想和行为的精神支柱。

受教育者的正确政治理想和政治信念不是与生俱来的，而是后天习得的，是通过思想政治教育和社会实践不断确立的。这些过程的综合，就是政治社会化。政治社会化，从个体学习过程来看，就是受教育者通过思想政治教育活动获得政治信息，形成一定的政治观念、政治态度、政治情感和政治信念的过程。政治社会化的目的是将受教育者培养或训练成遵守政府规定，服从国家法律，行使正当权利，承担应尽的义务，促使政治稳定的合格公民。除了要形

成某种政治信仰和态度，政治社会化还要求受教育者必须掌握政治参与的技能，也就是说，衡量一个人改治社会化水平的标志是一个人对国家及其事务能表明自己的态度，并能按照这种意识参与社会的政治生活、扮演相应的政治角色，并切实履行相应的义务。也就是说，我们要通过思想政治教育，使受教育者拥有一种政治自觉，自觉参与政治过程，充分享有相应的政治权利，完全履行自己的职责和义务，以实现由自然人向社会人的转变。

（2）提高受教育者的道德素质，促进个体的道德社会化

作为发展中的社会人，人们不仅要有共产主义的政治立场和思想素质，而且应该有道德方面的基本素质，这些基本素质的形成过程也就是个体道德社会化的过程。从社会角度讲，使个体实现道德社会化是实现社会调节的一种重要手段；从个人角度讲，实现道德社会化是自己适应、参与社会道德生活的必要条件。

正确的道德观念不会自发产生，它必须经过道德教育即道德社会化这个过程才能实现。道德社会化者的是个体通过学习、践行社会道德规范，获得道德人格，从非道德人成长为道德人的过程。人的德性或道德人格的形成并非先天禀赋的结果，而是成于后天，是在接受社会教化中化自身天性为德性的过程。这一过程是个体由自然存在转为社会存在，并进而获取做人资格的必要前提和途径。中国哲学中的"化性起伪""天人合一"，西方哲学中的"德性与自我同一""德性寓于人生"等思想都是对道德社会化的强调。

（3）重视受教育者的个性，促进受教育者个性化发展

从马克思的全面发展理论的内涵来看，他所描述的人的智力和体力的充分的发展和自由的发展，已经表明了全面发展与个性发展的统一性。"充分的"发展强调人的潜能和天赋得到全面的挖掘，"自由的"发展则强调人的个性能够自由地发展，发展的最高成果是形成自由个性。一个人若能够获得最大限度的发展，他驾驭和支配客体必然性的能力势必提高，这种能力会使他冲破一定的束缚，从而获得个性的自由发展；一个人的个性获得自由的发展，必然是他的认识水平和认识方式、思想和观念、情感和意志等各个方面，都在其独特性格和能力的调控下，能够自由发挥其独特性和创造性，形成个人的思想与行为的总体特征。显然全面发展是个性发展的基础，个性发展又是全面发展的条件。

思想政治教育促进受教育者的全面发展，即在促进受教育者的社会化和个性化的发展方面，思想政治教育促进了受教育者的社会化，也就是使受教育

者符合社会要求，把"自然人"变成"社会人"，以实现受教育者的社会性的一面。另外，思想政治教育要把社会要求内化为个人的个性品质，使受教育者的个性充分自由发展，以实现受教育者的个性一面。因此，思想政治教育不是要堵塞人的个性发展的道路，而是要引导受教育者发展，为个性健康充分的发展创造必要的环境和条件。在当今我国社会主义条件下，受教育者的个性发展是同祖国和人民的现代化建设事业紧密联系在一起的。受教育者只有把个人的理想前途和命运置于祖国和人民的事业之中，才有正确的方向和实践基础。如果离开国家和社会的发展去奢谈"个性发展"，那只能陷于极端个人主义的泥坑。我们反对极端个人主义和自由主义绝不是否定人的个性发展，而是为了给绝大多数人的个性自由充分发展开辟广阔的天地。同时，如果以为个性发展会带来某些消极的东西而对其设置障碍，那也同样是错误的。面对知识经济发展的挑战，现在我们正在大力提倡创新精神，而人的创新精神的培养正是建立在个性的充分自由发展基础之上的。有生命力的思想政治教育不是要禁锢受教育者的头脑和手脚，限制受教育者的思想和行动，而是要开发受教育者的智力，培养受教育者的创新精神，引导受教育者在正确的轨道上去思考、选择、行动和创造，以便其最大限度地实现自我价值，同时为社会进步做出更大的贡献。正是从这一点出发，我们应该把发展人的个性、促进个体的个性化作为新形势下思想政治教育追求的重要目标。

（4）塑造受教育者的主体人格，促进受教育者的人格完善

主体人格是人作为主体所具有的人的尊严、价值、品格、思想境界和情操格调的总和。人格不仅仅是一个心理学范畴，而且应是思想政治教育的一个重要范畴，因为教育是以完善人格为目标的，只有人格才是人的各种素质和能力的本质价值。即教育的目的不仅在于适应国家和社会的要求，提高人的能力，还在于培养作为形成国家和社会主体的人本身。由此看出，思想政治教育的一个重要任务，就是塑造个体健全的人格，使受教育者具有崇高丰富的精神世界，健康良好的心理品格，高尚优秀的道德品质。

在塑造受教育者的主体人格的过程中，思想政治教育依据受教育者的意识与活动相关联的规律，通过一系列的教育措施促进受教育者的知行转化。这里所谓的知行转化，指的是思想政治教育过程中教育者先把外在的社会要求（价值准则、理论观点、行为规范等）转化为受教育者的内在的个人意识，而后再由受教育者将个人意识、思想动机转化为外在的行为和行为习惯。实现两个转化是思想政治教育促进受教育者的人格发展的具体表现。

（二）以人为本原则确立的依据

1.理论依据：马克思主义唯物史观

在马克思主义的唯物史观那里，以人为本始终是其核心价值理念，正是在这个意义上，历史唯物主义可以被称作彻底的人本主义。

一方面，现实的人是马克思主义唯物史观的起点和落脚点。马克思将现实的人作为唯物史观的出发点。这种现实的人是处在现实的社会关系和历史进程中活生生的个人，是为满足自身的需要而在社会中从事着实践活动的人。因而，马克思、恩格斯在创立唯物史观时，丝毫没有忽视人、漠视人的因素，而是真正科学地面对人。不仅如此，马克思列宁主义还把人的全面发展作为唯物史观的落脚点和归宿加以强调。在马克思看来，人是自然界开出的最美丽的花朵，世间的一切事物，人是最宝贵的，具有最高的价值。人的自由而全面发展是马克思列宁主义的基本价值观，是社会历史发展的必然趋势，是共产主义的本质特征。马克思强烈批判了资本主义社会中的个人生存和发展的悲惨处境，尤其是无产阶级的生存境遇和发展命运，期望建立一个以每个人的自由而全面的发展为基本原则的新社会。人的自由而全面发展既是马克思主义唯物史观追求的根本价值目标，也是无产阶级政党具有重大意义的历史课题，又是共产主义社会形态的本质和价值目标。因此，唯物史观是以人的解放和自由全面发展为价值皈依的，共产主义的理想说到底也就是人的全面发展的理想。

另一方面，唯物史观把社会的发展看作人的社会实践的发展，也就是说，社会发展是由人来推动的，是人的本质力量的体现。马克思从创立唯物史观开始，就非常强调对于人类社会历史要从作为社会历史主体的人的感性活动和实践方面去理解和把握，并把这一点视为自己的新哲学同旧唯物主义的一个根本区别。马克思不仅仅把人看作感性对象，而是看作感性活动，使得马克思主义哲学实现了根本出发点的转变，从而实现了从自然唯物主义向历史唯物主义的转变。社会历史是人创造的，社会是属于人的社会。正是在创造社会和改造社会的实践过程中，人的社会性本质才能够日益丰富和完善。当然，人在实践过程中要实现人的创造性与历史规律性的统一。因为历史就是一个有规律的人的创造性实践的过程。人类社会和自然界一样具有客观规律性，但这种客观规律性的生成方式却体现着人的目的性和理想追求。在马克思看来，历史的发展既是主体满足自身的需要、利益，实现自身价值的过程，即合乎历史主体目的的进程，又是主体认识和遵循客观规律的进程，而不是主体不受任何必然性的制约、任意选择价值的过程。这两方面即合目的性与合规律性的有机统一构成了社会历史的发展过程。因此，马克思列宁主义不仅强调以人为本，而且强调要遵循社会发展规律，它是合目的性与合规律性的有机统一，是价值原则与科学原则、人文精神和科学精神的有机统一。

2.学科依据：思想政治教育的性质和任务

思想政治教育遵循人本原则，从根本上来说，是由思想政治教育的性质和任务所决定的。思想政治教育过程是由人的思想品德形成过程所决定的。人的思想政治品德的形成，大体经过四个阶段：思想政治道德规范的认识，道德规范的形成与丰富，道德情感转化为道德信念和意志，道德信念和意志付诸实践并转化为道德行为，即知、情、意、行的发展过程。

从本质上讲，思想政治教育过程就是把一定的思想政治道德转化为教育对象的思想政治道德的过程。这个过程既有外部影响因素，又有内部影响因素。外因是变化的条件，内因是变化的根据，外因通过内因而起作用。受教育者的思想政治品德总是在外界条件和主观因素相互作用的过程中不断发展变化的。客观外界条件的影响，只为受教育者思想的形成和发展变化提供了某种可能性，要把这种可能性转化为现实，引起受教育者思想的变化，还取决于受教育者的心理内部矛盾运动，即受教育者自我教育的内化吸收，取决于他们对这种影响是否接受、如何接受以及接受的程度。思想政治教育工作者只有通过受教育者的内心思想斗争，对受教育者进行有效的思想政治教育，思想政治教育内容才能内化为受教育者的思想观念进而外化为相应的行为。这个复杂的过程只能靠受教育者的自觉努力。

在教育者的启发开导下，充分发挥受教育者的主观能动性作用，只有这样才能实现思想政治品德的矛盾运动及转化，使思想政治教育过程成为有效的过程。只有科学地认识人的地位和作用，才能正确地引导人们主动地清理、整顿、改造、解放和充实自己的思想，摆脱旧的传统观念，利用新思想战胜旧思想，形成适应新时期需要的思想观念，从而激发出工作的热情和积极性。从某种意义上说，教育者的教育是手段，而受教育者内化机制的形成、自我教育能力的提高是目的。受教育者形成了内化机制，具有了自我教育的能力，就有了对外界事物自我分析、自我判断、自我辨别和自我吸收的能力，就能主动、顺利地适应新环境，接受新思想、新观念，不断进步。

思想政治教育过程要特别重视和处理好以下三种关系。一是教育者和受教育者的关系，确立受教育者的主体地位和作用。人的主体性是相对于人的受动性、消极性而言的，只有正确发挥人的主体性，人的主体作用才能真正顺利实现。只有把人当作积极的主体，思想政治教育才有可能真正把人当作主体，从而为重新审视传统思想政治教育"见物不见人"，把人当作消极被动的客体的历史经验提供理论武器，并在实践中抓住现代化进程中个体主体性突出的历史规律，积极主动地确立以人为本的思想政治教育的原则，从心理情感上关心人，化解人们对现实和未来的焦虑，努力满足人们对精神升华的理性渴求和人本关怀的情感期望。二是内化与外化的关系，要树立内化是思想政治教育工作的关键环节，又是自我教育的重要组成部分的观念。在思想政治教育过程中，内化和外化是辩证统一的，内化是外化的前提和基础，没有内化，也就没有外化。这就要求教育者要积极推进内化过程，帮助受教育者形成正确的思想政治品德，并坚定信念和意志，以转化为自觉的行为。三是灌输与疏导的关系，要改变长期以来思想政治教育一味强调教育者单方面灌输的方法，而应多强调发挥受教育者主体性作用的疏导的方法，对话的方法，摆事实、讲道理以理服人的方法，自我教育的方法等。只有这样，思想政治教育才能达到事半功倍的效果。

3.现实依据：应对高校突发事件

将"以人为本"思想落实到高校突发事件中，就是要坚持将高校师生的生命放在第一位，确保高校师生的生命财产安全。学生是高校的主要群体，他们离家求学，自我保护能力和对事物的认知能力还不够，高校突发事件发生时，他们是急需学校保护的群体，所以思想政治教育应对高校突发事件的时候，要将学生放在第一位。一是高校要保护师生的生命财产安全。在日常思想政治教育工作中，加强对高校师生的生命安全教育，教会他们如何热爱生命、珍爱生命，培养他们的应急逃生技能，定期进行危机演练，提高他们的自救互救能力，争取在突发事件发生时减少人员伤害。在突发事件发生时，要将保护师生的生命安全作为救援的第一任务，尊重师生的生命权，只要有一线希望就不放弃。二是高校要坚持维护师生的利益。突发事件发生时，学校不能只关心自身利益而忽视高校师生的切身利益。在突发事件中，高校要尽力维护师生的利益，并在日常思想政治教育工作中对高校师生进行法制教育，教会他们利用法律武器来维护自身的利益。三是高校要关注师生的心理健康。突发事件的发生，不仅会对高校师生造成身体上的伤害，也会对高校师生的心理造成巨大的影响。思想政治教育在应对高校突发事件时，要时刻关注他们的心理动态，及时对他们进行心理安抚和心理救助，排除潜藏在他们内心的危机感，通过有效的心理疏导和心理救助，保证他们的心理健康。

二、实事求是的原则

（一）有利于增强思想政治教育工作的针对性

突发事件发生的原因和发展过程的变化是极为复杂的，尤其人的精神最为复杂，因而对其"求实"相当不容易。但是只有实事求是，认真地分析发展态势并找出其中的规律，了解相关人员所处的环境条件、个性特点甚至成长历史等，找到问题的症结及解决的办法，才能进行科学的决策，从而有效减少突发事件的消极影响。

（二）有利于提高思想政治教育工作的可信性

思想政治教育工作的基本方针是坚持正确疏导，说服教育，以理服人。在思想政治教育过程中，要使人们接受正确的观点，有两个要素必须具备，一是实事求是地讲清道理，二是"靠事实说话"。无论是大道理还是小道理，只有坚持实事求是，从实际出发，据实说理，以理服人，才能使人们感到真实可信，心悦诚服。这样的思想政治教育工作，才有吸引力、感染力、说服力，才能发挥其应有的作用。

（三）有利于保证思想政治教育工作的有效性

从一定意义上说，思想政治教育工作的根本任务，就是坚持用正确的思想教育人、培养人、引导人。而人的正确认识来源于对客观实际的正确反映，我们要达到用正确的思想教育人、培养人、引导人的目的，就必须坚持从实际出发，理论联系实际，实事求是地反映事物的本质，只有这样思想政治教育的内容才能有效地被人民群众掌握和接受。当前，思想政治教育工作的根本任务是用中国特色社会主义理论教育人、武装人。在这一理论的教育过程中，教育者应注意从科学社会主义发展实际、我国改革开放和现代化建设实际以及人们的思想实际进行教育疏导，使人们从理论和实践的结合上懂得有中国特色的社会主义理论是马克思主义基本原理同当代中国实际和时代特征相结合的产物，是对我国社会主义建设经验、特别是改革开放以来社会主义建设经验的总结，是共产党人和广大人民群众智慧的结晶，从而加深了人们对中国特色社会主义理论的认识和理解，进而使他们能够自觉地坚持用这一科学理论武装头脑。从这里不难看出，在思想政治教育工作中坚持实事求是的思想路线是思想政治教育工作取得实效的前提，离开实事求是、从实际出发的原则，思想政治教育工作就成了无源之水，无本之木，不可能取得实际效果。

三、时效性原则

思想政治教育是育人的活动，它的根本目的和任务是培养、提高人的思想道德素质，并在此基础上，促进社会经济的发展，保证社会的政治稳定，促进社会文化的繁荣。正是在这个意义上，我们说，思想政治教育工作是经济工作和其他一切工作的生命线，是我们党的优良传统和政治优势。我们如果不去研究思想政治教育的实效性，或者它的实效性不强，就难以实现它的目的，难以展现其社会价值。

实效性指一种活动实施的可行性以及期望效果的指向性，实施的可行性指的是某种思想政治教育活动能否从思维活动转化为实实在在的活动，是否具有实际操作性；期望效果的指向性指的是人们实施某种思想政治教育活动所期待达到的效果，期望对教育对象产生某种特定的影响，使某种思想内化为教育对象的内在思想，并通过教育对象自己的行为体现出来这种思想。在这里，实效性体现的是人们通过一系列思想政治教育活动使教育对象达到应当具备的思想政治素质，完成思想政治教育目标。实效性是思想政治教育体现时代性、把握规律性、富有创造性的具体体现，是思想政治教育的着力点，也是衡量思想政治教育效果的重要尺度，直接关系到思想政治教育必要性和重要性的问题。

（一）思想政治教育实效性的特点

1.实效的延迟性

十年树木，百年树人，百年大计，教育为本，思想政治教育更是教育这一根本的根本。思想政治教育不是一蹴而就的过程，而是一个不断内化的过程，是一个水滴石穿，日久生效的过程，要想通过来自外部的思想政治教育，将科学的思想政治教育内容内化为人们的思想行为，必然是一个必须通过教育者长久不懈的努力，逐渐内化的过程。因为价值观、人生观的转变绝对不是一天两天能够完成的事情，而是在潜移默化中一点一点发生转变的，而科学的思想政治教育内容内化为人们的思想后，要通过他们的具体行为才能表现出来，外化为行为的时候，也需要一定的时间才能够看出效果，这也正是思想政治教育实效性的一个特点，即实效的延迟性。

2.实效的持久性

思想政治教育实效性的另外一个重要特点就是它的持久性。人是很注重精神世界的独立的，而且一个人的价值观、人生观一旦形成，就很难发生改变，这些价值观、人生观会伴随人的一生。如果一个人能够在人生的早期阶段树立了正确的世界观、人生观、价值观，那么这些世界观、人生观、价值观将会在其人生历程中深入持久地影响他们的思想。

3.实效的综合性

思想政治教育活动是一个系统的过程，思想政治教育工作者素质的高低，受教育者文化水平的高低，思想政治教育过程设计的科学与否，思想政治教育环境和氛围的好坏，家庭教育的差异等都会影响个体的思想政治教育水平。系统论的原理告诉我们，当系统内几个要素同时起作用的时候，各个要素作用的大小及方向会决定系统整体的功能及运行方向，思想政治教育实效性就是我们最后希望得到的整体的功能及运行方向。如果各个环节都能够落实到位，大家保持同一个方向，劲往一处使，那么思想政治教育的水平就会提高。反之，思想政治教育的水平就会降低。因此，要想思想政治教育实效性提高，教育者必须考虑方方面面的因素，发挥整体合力。

4.实效的内在性

思想政治教育中一个很重要的过程就是内化。所谓内化，就是受教育者在教育者的帮助下或在其他社会教育因素的作用下，接受社会要求的政治观点、思想体系、道德规范并转化为自己的个体意识的过程，也是个体不仅真正地相信、接受和遵守社会的思想政治和道德要求，并且自愿将这些要求作为自己的价值准则与行为依据的过程。

由此可以看出，在外化于行之前，这些内化的思想政治内容是体现不出来的，只是意识而已，是看不到，摸不着的，人们常说的"知人知面不知心"也是这个意思，只有这些内化的思想政治内容转化为外在的行为时，我们才可以了解教育的效果。内化的思想政治教育内容难以看出来，有时候由于各种各样的原因，言行也难以一致时，我们就只能通过最后的行动来判断思想政治教育的效果，这些都体现了实效的内在性。

5.实效表现形式的多样性

思想政治教育的实效往往不像经济工作那样，直接通过产品的数量及市场销售状况来表现，它的表现形式比较复杂。它既可以表现为看不见摸不着的无形的精神成果，又可以表现为看得见摸得着的有形的物质成果。它既可直接地表现在受教育者变化了的观点、情感、态度和行为举止上，也可以间接地隐含在受教育者的各种活动中。有些受教育者思想认识上的提高，道德水平的提升，不一定只能用语言表达出来，他们的举止行为和实际行动也可来体现。

（二）确立思想政治教育的效果和效益观念

思想政治教育可以说是一种精神产业，需要有成本的投入，而其成本投入的表现形式也是多方面、多形态的，既包括人力、财力的投入，也包括情感、人格力量等精神方面的投入，这些投入的精神状态、思想水平、道德品质表现在行动的各个方面，这也就是经济学中的投入产出问题，即实际效益问题。尽管思想政治教育的实际效益的计算不能像经济效益那样可以用货币来表示、用公式来运算，但其效益的客观性和必然性是毋庸置疑的。如何用少的人力、物力、财力和时间，选择有效的方式方法，最终使思想政治教育产生最佳的实际效益，这是思想政治教育从经济学角度必须考虑的问题。这里的实际效益是促使人的思想转化，提高人的素质，把人的思想统一到既定的目标上来，最终使人具有极大的积极性和创造性，使思想政治教育产生最大的经济效益和社会效益。讲究思想政治教育效果，还应看到效果观念与目标观念既有联系又有区别。思想政治教育效果观念包括对正效果、零效果及负效果全部负责的动机，对可能产生的效果的认真预测，对形成效果过程的自我监督等，那些"只管耕耘，不管收获"的教育活动就是缺乏效果观念的表现，没有正效果的思想政治教育，是无法实现教育目标的。同时，有了效果观念还不够，还必须有效率观念和较高的效率，只有这样才能保证取得良好的教育效果。

1.思想政治教育效果、效益的表现形式

思想政治教育效果的表现形式是多种多样的，我们必须运用辩证的思维方式，全方位、多角度地考查思想政治教育效果的表现形式。

（1）潜在效果与显现效果

思想政治教育的效果有时具有可感知的外在形态，但在多数情况下往往是潜在的。在工作中我们常常有这种感觉，即有些工作开展之后，效果很明显，而有些工作开展之后，却见不到明显的效果。例如，学生从小就接受社会主义、集体主义、爱国主义教育，可效果表现不明显。然而一旦外界环境发生变化，如自卫战争、救灾抢险等，许多人能够以极大的爱国热情和集体主义精神投入其中，置生死于度外。这说明思想政治教育具有积极的作用，表面似乎不见成效，实则潜移默化。否定思想政治教育潜在效果的客观存在是不科学、不公正的。点滴积累、潜移默化是思想政治教育效果存在和表现的主要形式。

（2）单一效果与多重效果

由于人的思想转变是一个复杂的过程，不可能投入与产出简单地对应。有时是多方面原因，一种结果；有时是一种原因，多种结果。这种特殊的因果关系使思想政治教育的效果时而表现出单一性，时而表现出多重性。一方面工作搞好了，可以从多方面获得效果；多方面开展工作，也可以集中在某个方面获得效果。例如，大学生开展社会实践活动，既可以让学生接触社会、了解社会，找出自身存在的不足，又可以让学生在实践中增长知识、锻炼才干，奉献知识于社会。可见，思想政治教育的效果是单一性与多重性的辩证统一。

（3）结构效果与功能效果

所谓结构效果，就是调整和改善人际关系，通过创造良好的环境，提高工作效率，得到大于全体人员个人工作效能总和的效果。在现实社会中，越是复杂的劳动，其人际关系结构对劳动效果的影响就越明显。不同的人，其协作的愿望、习惯和相容性都不一样。因此，结构效果的弹性很大，可以从零到无穷大。所谓功能效果，就是在物质投入不变的情况下，通过调整物质投入方向，改进其投入的方式方法，以得到好于正常物质投入的效果。在现代社会里，从事复杂劳动、技术性劳动和脑力劳动的人，其劳动效果的弹性很大。干与不干、能与不能、干好与干不好等问题都交织在一起，难以分清。在有些情况下，物质投入的增加可以收到一定的效果，然而物质手段的作用永远是有限的，改造物质投入的功能，也是思想政治教育获得良好效果的主要手段和途径之一。思想政治教育是结构效果与功能效果的有机统一，是同一个效果的两个不同方面，最佳结构可以发挥最佳功能，最佳功能可以取得最佳效果。

（4）正向效果与逆向效果

思想政治教育从主体的愿望来看，总是希望获得预期的效果——正向效果。然而在有些情况下并非总能遂人愿。有的主体不参与、不介入可能还好些，越参与越介入，其效果越差，这就是逆向效果。思想政治教育出现逆向效果的原因是多方面的。从主体方面来看，或者真理不在手中，或者方式方法不妥，或者对客体缺乏必要的了解，或者缺乏感召力等；从客体方面来看，或者由于认识能力和觉悟程度参差不齐，或者由于与主体的利益不一致，或者因某种愿望不能得到满足而缺乏忍耐性，或者与主体的感情距离太大等。在这种情况下，接受和服从理性已经降到了次要地位。逆向效果是一种心理作用的产物，也是社会生活中矛盾斗争的客观表现，是对思想政治教育效果的一种检验和反馈。一般情况下，正向效果与逆向效果往往是同时存在的，这就要求我们要不断探索思想政治教育规律，改进工作方式方法，满足人们多方面的需要。

（5）权威效果与情感效果

思想政治教育的权威效果不是让人们服从某种权力，不是以势压人，而是引导人们服从真理，以理服人。然而思想政治教育仅仅依靠权威是不够的，在一定情况下，主体的感召力也会产生特定的效果，甚至超过权威的效果。主体的感召力来自人的情感力量，也来自主体对客体的关心、理解、尊重、信任。以情感人、以情动人，这也是思想政治教育的一种原则。权威效果是情感效果的基础，离开一定的理性权威，情感效果就会背离思想政治教育的原则，堕落成庸俗的人际关系。没有一定的情感效果，权威效果就不能很好地发挥出来，理性、真理就会变成生硬死板的教条，不易被人们接受。情感效果表现在它可以改变理性真理的直接性，使其成为人们乐于接受的东西，从而指导人的行为。从这里可以看出，并不是什么人都有资格来从事思想政治教育工作的，也不是有了权力和真理，就必然能做好思想政治教育工作。

2.思想政治教育效果、效益的评价

正确评价思想政治教育的效果需要确定一个科学的尺度。这个尺度必须有利于生产力的发展，有利于社会的稳定，有利于提高人的基本素质，有利于创造和谐的人文环境。在评价思想政治教育的效果时要坚持实践是检验真理的唯一标准，要把实践的效果作为评价的标准。同时，评价必须坚持以下几个原则。

（1）根本目的和具体目标相统一的原则

思想政治教育的目的和任务是用人类历史上最科学的世界观和方法论教育人、启发人，解决人的立场、观点和方法问题，使人们从各种谬论和偏见中解放出来，不断提高认识世界和改造世界的能力。思想政治教育的具体目标主要为精神动力的发动、思想阻力的解除、激励机制的创立，以及使人们的思想朝一定方向变化。所以，在评价中要注意：具体的评价标准要反映思想政治教育的根本目的和任务的内在要求；评价应有具体的要求，并具有可操作性。思想政治教育的实践效果是思想政治教育根本目的的实现和任务的完成。

（2）质和量相统一的原则

所谓质，就其所起的作用而言可分为三种。第一种，有效性，即所起的作用是好的、积极的；第二种，有害性，即所起的作用是坏的、消极的；第三种，无效性，即没有任何作用。所谓量，指的是思想政治教育所起作用的大小。有的思想政治教育其质是好的，但是作用不大。因此，评价效果的量的同时要重视质的规定性。有的效果难以用精确的数据来评判，只能用模糊语言来表示，如好、较好等。把思想政治教育效果的量与时间联系起来，就形成了思想政治教育工作的效率，即思想政治教育在单位时间内收到的效果。所以对思想政治教育效果的评价，要坚持在定性分析的基础上进行定量分析。

（3）主体与客体相统一的原则

在思想政治教育中，教育主体与教育客体是辩证统一的，同时在一定条件下其又是可以相互转换的。教育主体在教育过程中一般起主导作用，表现在实施教育过程中能正确把握思想政治教育的规律，把党的方针、政策、各项任务与教育客体的实际相结合，制定具体的目标及计划并加以执行。教育主体应有正确的立场、观点，并在实践中能够自觉改造主观世界，同时把自己分析问题的立场、观点、经验和方法，即把对问题或事物的理解传授给教育客体，使教育客体的思想朝着一定方向转变。因此，在评价中既要对教育客体发生的变化做出评价，又要对教育主体所创造的精神产品的质量做出评价。

总之，只有正确认识思想政治教育效果、效益的表现形式和评价原则，我们才能树立正确的新型的效果、效益观念，才能在此基础上进行思想政治教育方法的创新，才能提高思想政治教育的实效性。

第二节　思想政治教育应对高校突发事件的相关策略

一、拓展和深化思想政治教育的教学内容

（一）开展大学生安全教育

当前，高校校园内外环境复杂，对大学开展安全教育是高校的一项重要任务。开展安全教育应做到理论和实践相结合，进行安全教育的同时要配以适当的实际演练，帮助大学生提高自我防范意识，使大学生能够保护好自身的生命财产安全。针对高校内多发的火灾、溺水等事故要加强相关的安全知识教育，同时还应组织大学生进行逃生、自救、疏散等演练，提高他们应对突发事件的能力。此外，高校也应组织大学生学习有关突发事件的理论知识，如突发事件的分类、特点、成因及应对措施等。

（二）做好大学生心理健康教育

对大学生开展心理健康教育是一项必不可少的工作。大学生在日常学习、生活和人际交往中会遇到挫折和困惑，形成沉重的心理负担，而他们自身又缺乏自我调适和排解的能力，易产生消极的情绪，久而久之将不利于和谐校

园的建设。对大学生开展心理健康教育可以防范一些校园内故意伤害事件的发生。高校可组建一支专业化的心理辅导队伍，定期对大学生的心理健康情况进行评估，也可设立专门的心理咨询室，对有需要的学生进行心理疏导。有条件的高校还可以通过网络等形式开展心理咨询，避免面对面咨询的尴尬，最大限度地发挥心理健康教育的作用。在高校突发事件发生后，要对参与其中或受其影响的学生进行心理干预，舒缓他们的紧张情绪，平复他们恐慌的心理，防止次生事件的发生。

二、借助多种方式开展思想政治教育

（一）以课堂作为主阵地

高校要充分重视大学生思想政治教育理论课的作用，应将其看作开展教育工作的基础和保障。在教育过程中要注重理论和实践相结合，贴近学生生活，切记空泛。高校应着重促进大学生形成正确的人生和价值导向，传递社会正能量，使大学生始终坚持坚定的政治信仰，不受外界不良因素干扰，教育大学生为建设祖国和个人成才而努力奋斗。

（二）重视案例教育的作用

突发事件的发生为思想政治教育提供了素材。突发事件发生后，高校应根据在处置过程中暴露的问题进行总结整理，积累经验查找不足。高校思想政治教育者可以将这些案例运用到大学生的日常教育中，特别是近期发生的和在社会上引起广泛关注的高校突发事件。由于这些事件都贴近学生生活，易引发学生的共鸣，可以发挥良好的教育效果。在教育过程中，教育者要注意选取正反两方面案例，坚持对错误的做法进行批评，对正确的做法予以表扬，给予学生正确的方向引导。此外在进行案例教育时教育者要做到举一反三，告诉学生遇到类似突发事件时的处置方法和需要注意的问题，减少学生个人损失和学校的损失。

（三）借助高校社团群体的力量

高校内的社团群体分为依据学校管理制度成立的正式团体和由学生自发组织形成的非正式团体，这些学生群体都具有较高的凝聚力和向心力。思想政治教育者要注意在丰富大学生课余文化生活的同时，穿插开展教育工作，这样可以让更多的学生参与其中。如开展安全知识讲座和竞赛，组织学生对社会和高校的热

< 175 >

点事件进行讨论，提倡社团内成员的互帮互助等，营造积极向上的社团氛围。学生社团群体是连接学生与学校之间的桥梁，平时社团群体中的骨干成员可以及时向学校反馈学校在管理方面出现的漏洞，以及某些成员的反常表现等，这样可以一定程度上消除诱发突发事件的隐患。突发事件发生后，学生社团群体又可以协助学校开展应急救援工作，学校社团群体是高校处置突发事件的重要依靠力量。

（四）营造积极向上的校园文化环境

校园文化建设是一种隐性的思想政治教育，它的作用是潜移默化的。高校思想政治教育者可以通过组织宣传校园文化的活动，加强对校内舆论的正向引导，树立大学生身边的优秀榜样，营造积极向上的校园文化环境。良好的校园文化具有强大的感染力和号召力，可以促使校园内的不良思想和行为向好的方向转变。大学生身在其中可以自觉约束自身的行为，避免某些突发事件发生。

三、积极应对高校突发事件网络舆情

（一）做好突发事件网络舆情的思想价值引领，发挥思想政治教育的功能

面对社会突发事件引发的网络舆情，高校思想政治教育工作者在牢牢守住宣传思想阵地的同时，还应主动出击，把握和青年学生进行深度思想交流的契机，多关注"压力值"高的网络舆情，了解青年学生的"政治心声"，引导青年学生和这个时代同频共振。

1.充分发挥政策、舆论的导向功能

教育者应传播主流意识形态，传达好党中央的指示精神，积极寻找网络舆情的"聚合热点""共振点"，直面青年学生的网络诉求，为其答疑解惑，做好舆论引导。

2.充分发挥个体塑造和目标导向的功能

教育者既要帮助大学生塑造独立的个体人格，使他们能够理性表达自我，形成正确的自我认同，也要引导他们多关注正面舆情，辩证看待负面舆情，树立坚定的理想和信念，强化政治认同。

3.充分发挥心理疏导功能

教育者应利用网络空间信息量大、形态多样、迅速快捷的特点，实施有

效的心理疏导。对长期浸入的负面舆情所造成的"共情伤害"，要及时进行疏通和引导。

（二）直面突发事件网络舆情，维护教育主体的权威

1.维护专业权威

高校思想政治教育工作者不能刻意回避网络舆情，而应提升舆情应对素养、优化认知结构、维护专业权威。青年学生虽然信息获取和检索能力强，但是他们分析和甄别的能力尚欠缺，容易被"带节奏"，对政治的理解也较为肤浅，尚未形成系统的认知结构。教育工作者要充分发挥自己的专业、认知和经验的优势，以学理深度提高感召力，以政治高度体现专业性，为青年学生扫清思想障碍，帮助他们提升理性认知和逻辑思维能力。

2.维护感召权威

在这个新媒体时代，思想政治教育工作者在充分彰显人格魅力的同时还要紧跟时代步伐，勇于走上舆情前台，或创建有深度、有热度的特色公众号吸引学生，或面对舆情积极发声建言，引导舆情向正面发展。

3.维护制度权威

要把思想政治教育贯彻落实到高校实际教育工作中，就要建立健全各项规章制度，形成思想政治教育舆情引导机制，从制度层面增强教育主体的权威性。

（三）加强对突发网络舆情的跟踪和研判，创新宣传教育的思路和语境

高校思想政治教育宣传部门要"跟踪"并利用好网络舆情中能够得到青年学生高度认同的丰富素材，深入挖掘其中所蕴含的育人价值，做好主流意识形态的宣传和教育工作。

一是在呈现方式上，要紧跟时代语境的变化，将高尚人格、奉献和牺牲精神、英雄主义等以贴近生活的生动方式加以呈现，观照细节，以人为本，避免过于程式化的强行拔高。

二是在宣教话语方面，要处理好学术话语、政治术语和"网言网语"的关系，既要体现严谨性、权威性和专业性，又要具有趣味性和吸引力。

三是在传播途径上，应结合学校、专业、地区的优势创建特色平台或公众号，或者入驻某些热门应用，发表原创作品，培养黏性受众，延伸传播触角，逐步提高影响力。

四、搭建高效的信息传播渠道

（一）建立公开的发布机制

突发事件发生后，某些高校为了维护自身声誉，瞒报、谎报事件的真实情况，甚至封锁消息，这样会引起人们的猜测，一些不实言论就会疯狂传播，这样会对高校造成更大的伤害。为了避免这种情况出现，高校应建立公开透明的突发事件信息发布机制，将收集上来的信息整理核实后通过校园网、微博、公众号等及时发布，公开回应对相关问题的质疑，尊重高校师生和社会大众的知情权。这样可以避免谣言的扩散，稳定高校师生的情绪，有助于挽回高校声誉。此外，高校建立突发事件信息的发布机制，还可以动员社会力量参与到处理突发事件中来，帮助高校共同做好突发事件的应对工作。

（二）利用传媒减少负面影响

高校在处理突发事件时要善于利用大众传媒的力量，报道事件的经过和发展，澄清事实，避免社会上的谣言四起，这也是高校获得社会关心和支持的重要举措。大众媒体代表官方的表态，具有权威性，并且由于其传播信息范围广泛，在这一过程中也可将思想政治教育工作融入其中，起到稳定人心的作用。高校突发事件的发生往往给高校带来一定的损失，会产生消极的影响，但高校如果以积极的态度进行善后处理，经媒体公开报道后又会转变为积极的影响。作为媒体人，也要坚守职业道德，加强和高校宣传部门的沟通交流，不应在不了解情况的条件下断章取义，发布不实消息。所以，高校要主动与大众媒体加强沟通，利用舆论的力量来应对突发事件。

（三）加强对舆论的正面引导

高校应加强对突发事件的舆论监控，并对舆论做出正面引导，这是思想政治教育工作所应发挥的不可替代的作用。在突发事件发生后，思想政治教育者应引导学生正确看待事件，消除学生的心理恐慌，及时向学生说明事件的起因、过程和进展等情况。校园内外出现的不实言论一经发现，要立即通过大众媒体予以解释，说明真实情况。与此同时，思想政治教育工作者还可以在不危害学生个人安全的情况下动员他们参与到突发事件的善后处理工作中，增加处理事件的透明度。积极正面的舆论引导，对高校排除不良因素干扰，全力投入突发事件的应急处理中，以及稳定学生情绪都具有重要作用。

参 考 文 献

[1] 王国鹏 . 突发公共事件下开放教育学生思想政治教育实现路径研究 [J]. 山东广播电视大学学报，2020（03）：8-11.

[2] 侯坤 . 基于突发性公共卫生事件的高校思政教育工作方式研究 [J]. 东北农业大学学报（社会科学版），2020，18（02）：55-58.

[3] 李翠翠，皇甫登科 . 突发公共卫生事件下大学生思政教育工作探析 [J]. 现代交际，2020（05）：128-129.

[4] 刘丽娟，孙倩 . 面向新时代高校思政教育的舆情监控机制研究 [J]. 教育教学论坛，2020（08）：54-56.

[5] 宋燕萍 . 新时期高校大学生突发事件的原因与应对策略研究 [J]. 智库时代，2020（03）：98-99.

[6] 张乐涵，董亚楠 . 互联网时代高校突发事件舆情传播与沟通机制研究 [J]. 东南传播，2019（12）：96-99.

[7] 严波 . 网络舆情视域下的高校辅导员思想政治教育实践 [J]. 汉字文化，2019（S2）：161-162.

[8] 范晓梨 . 思想政治教育应对高校突发事件的途径探究 [J]. 黑龙江教育学院学报，2019，38（10）：92-94.

[9] 王琪 . 高校突发事件网络舆情管理机制的探究和建立 [J]. 新闻研究导刊，2019，10（20）：9-11.

[10] 赵旭 . 高校突发事件的有效应对办法 [J]. 传播力研究，2019，3（28）：232.

[11] 徐立娟 . 高校突发事件应急机制的问题策略 [J]. 黑河学院学报，2019，10（09）：66-68.

[12] 陈铮 . 基于网络舆情的高校思政教育引导 [J]. 江西电力职业技术学院学报，2018，31（07）：86-87.

[13] 欧阳灵芝 . 基于突发事件的大学生思想政治教育研究 [J]. 决策探索

（中），2018（07）：88.

［14］ 刘芳洋.网络思政视角下构建高校网络突发事件应对机制的探讨[J].智库时代，2018（27）：107-108.

［15］ 滕苏苏，袁静.思想政治教育在高校突发事件中的有效路径研究[J].哈尔滨职业技术学院学报，2018（03）：121-124.

［16］ 侯爽，李磊.思政教育在高校突发事件中的应对功能价值研究[J].科教导刊（上旬刊），2018（13）：85-86.

［17］ 刘艳华.高校突发事件应对与思政教育创新探析[J].江苏高教，2017（06）：83-85.

［18］ 孙鹤瑜.高校网络思政工作管理模式探析[J].科技风，2016（19）：40.

［19］ 张卫彬.论高校突发事件中大学生思政教育疏导工作的开展[J].现代交际，2015（08）：157.

［20］ 马驰.高校突发事件处理中的思想政治教育研究[J].科教文汇（中旬刊），2014（12）：12-13.